¿HOMBRES O DIOSES?

Henry Manzano

TÍTULO ORIGINAL: ¿HOMBRES O DIOSES?
DEPÓSITO LEGAL: 4-1-1861-13
REGISTRO SENAPI: 1-1538-2014
ISBN: 978-99974-45-90-2

REVISIÓN Y DIAGRAMACIÓN:
LIC. DENNIS ZUAZO
LIC. RAFAEL CALCINA
SR. RAFAEL SIÑANI

TELÉFONO: 2470716
CELULAR: 73273248
E-MAIL: henryman-manzano@hotmail.com

COLECCIONES CULTURALES EDITORES IMPRESORES.
CALLE DIEZ DE MEDINA No. 764, ZONA LOS ANDES
LA PAZ - BOLIVIA
DERECHOS RESERVADOS.
IMPRESO EN BOLIVIA - PRINTEDIN BOLIVIA

Colecciones
Culturales Editores
Impresores

DEDICATORIA:

El presente trabajo va dedicado a los grupos ambientalistas de todo el mundo, que luchan heroica e incansablemente, por el respeto y cuidado de nuestra Madre Tierra y de sus hijos.

También dedico la presente obra a los hombres y mujeres que defienden los recursos naturales de nuestro país, ante la voracidad de algunas empresas transnacionales, que quieren seguir chupando la sangre de los pueblos latinoamericanos.

AGRADECIMIENTOS:

Mi gratitud especial y sincera, por las valiosas sugerencias, por la revisión crítica del libro, pero fundamentalmente por su apoyo, estímulo y comprensión a las siguientes personas:

A la profesora Susana Esperanza Laura Perez, por haber colaborado en el capítulo titulado: "El hombre cosmológico".

Al profesor Armando Adrián Aguilar Carrillo, por haber colaborado en el capítulo titulado: "El hombre dialógico".

A mi amiga Patricia Nuflez Bustillo, por sus aportes pedagógicos al presente libro.

A mis colegas: Wilson Herrera Chavez, Sabino Flores Jahuira, Sara Chavez Huiza y Bernardo Quispe Condori.

A mis estudiantes: Luz Dávalos, Henrry Almazán, Dennis Zuazo, Joseph Choque, Elio Condori y Daniel Tola.

Para ellos, mi más grande reconocimiento y gratitud.

EL AUTOR

PRESENTACIÓN

¿HOMBRES O DIOSES?, es un libro sobre antropología filosófica que está dirigido a estudiantes de secundaria, estudiantes de las ESFM's, universitarios, profesores y público en general.

Este libro tiene 21 capítulos, donde se aborda en sus diferentes facetas, la naturaleza de los seres humanos, su existencia y su destino como parte del cosmos.

El hombre es un animal perverso y misterioso, de naturaleza social, política, económica, sexual y espiritual. Su existencia es temporal, por eso busca la inmortalidad a cualquier precio, incluso a costa de los demás, de la naturaleza y del mundo, antes que crear busca destruir, para supuestamente conservarse.

El hombre no solo evoluciona, sino también involuciona, se degenera y aliena, juega a ser Dios, porque elimina a otros seres humanos por considerarlos inferiores, contamina el medio ambiente, envenena los ríos, manipula genéticamente los alimentos, utiliza su religión para matar, emprende carreras armamentistas, provoca el calentamiento global, da vida a través de la clonación de plantas, animales y seres humanos; y crea nuevas enfermedades, como preparándonos para las temidas guerras biológicas y químicas.

El hombre siempre ha buscado transformar su realidad particular; pero no la realidad de los demás, se ha vuelto egoísta y mercantilista, piensa: **"Que puede comprar todo, incluso a los que no se venden".**

Es tiempo que el ser humano tome conciencia de su rol protagónico frente a la naturaleza, al mundo y al cosmos, por eso debe ser mejor, más humano, más solidario, más tolerante y más consciente de que no puede vivir sin su madre, que es el planeta Tierra; porque de lo contrario no habrá un futuro para nuestros hijos y los hijos de nuestros hijos.

Este libro no debe ser estudiado por una necesidad académica, sino por una necesidad de conocer mejor al ser humano, comprender sus acciones y realizar un análisis, de cuáles pueden ser las consecuencias de su accionar destructivo y belicoso.

EL AUTOR

El estudio de la antropología filosófica conlleva a develar la realidad intrínseca del ser humano, que en esta eximia obra es desarrollada con gran pulcritud por el autor, que sin escatimar apreciaciones aún lacerantes, devela una naturaleza atroz, subrepticia y oculta del ser humano, que en muchos sendos estudios no se ha llegado a expresar, quizá por el recatado escrúpulo de no llenar con máculas a una de las criaturas más excelsas que ha existido en el mundo.

El ser humano, desde su aparición en este mundo, ha tramontado con frenesí su destino, similar al de otras especies animales, llegando a situarse en el ápice donde hasta ahora se aferra con ahínco. En esta atalaya ha sojuzgado y sojuzga con desdén a otras criaturas y seres, que irreversiblemente, tienen que compartir con él una misma morada, el mundo.

Embebido por una angurria de poder, y después de haber sometido a sus antes rivales animales, ha emprendido una irracional lucha contra sus propios congéneres humanos, a los que sin recato y piedad ha llegado a diezmarlos y está aún empecinado en lograr este infausto afán.

Si antes el ser humano sentía desprecio por los animales, por ser irracionales, siente ahora escarnio y aversión por sus semejantes, por un pseudo complejo de superioridad racial e intelectual que subyace en ellos, de ahí que se materializa el pensamiento del filósofo Thomas Hobbes, cuando dice: "El hombre es lobo del hombre".

El estudio filosófico realizado en esta obra, llevará al ávido lector a conocer pasajes ocultos sobre esa realidad agazapada del ser humano, que dicho nuevamente, se encuentra en lo más recóndito y abismal del ser humano.

En consecuencia, no queda más que felicitar al autor de esta obra magnánima, que aporta verdaderamente al análisis filosófico del ser humano, porque es un estudio minucioso, profundo y serio, sobre una de las criaturas más ininteligibles que ha habitado y habita actualmente el mundo.

La Paz, noviembre de 2017.

Froilán Marín Poma
DOCENTE DE FILOSOFÍA-U.M.S.A.

CONTENIDO

CAPÍTULO I

INTRODUCCIÓN A LA ANTROPOLOGÍA FILOSÓFICA

¿QUÉ ES EL HOMBRE?

El hombre es un completo misterio, es un ser que siempre nos sorprende, por todo lo que se le ocurre y por todo lo que hace.

El hombre hace arte, religión, ciencia, filosofía, porque es un ser finito, sabe que su existencia es temporal, es por eso que busca la inmortalidad a través de sus actos; pero es consciente que otros como él buscan lo mismo, tornándose la vida en una competencia donde las supuestas reglas de convivencia son pisoteadas, para satisfacer necesidades e intereses particulares y de grupos de poder, dejando así de pensar en el bienestar de los otros seres humanos, de la naturaleza y del mundo.

El hombre como una totalidad, es el objeto de estudio de la **antropología filosófica**.

CONCEPTO

La antropología filosófica es una disciplina filosófica que estudia los problemas generales del hombre. Estos problemas son: su naturaleza, su existencia y su destino.

Básicamente pretende responder a la pregunta: ¿Qué es el hombre?, porque considera al hombre, el problema central de la filosofía.

EVOLUCIÓN Y DESARROLLO DE LA ANTROPOLOGÍA FILOSÓFICA

En la **Edad Antigua**, los filósofos de la naturaleza pretendían establecer: ¿Qué elemento daba origen a Todo?, a la naturaleza, al mundo, al cosmos e incluso al mismo **hombre**; así para Tales de Mileto el elemento que origina Todo es el agua, para

Heráclito el fuego, para Anaximandro el apeirón, para Anaxímenes el aire, para Pitágoras los números, para Empédocles los 5 elementos (agua, tierra, fuego, aire y el amor).

Cuando Sócrates utiliza la máxima: **"Conócete a ti mismo"**; Protágoras señala: **"El hombre es la medida de todas las cosas"** y cuando Diógenes **busca al hombre por las calles de Atenas con una lámpara en su mano**, ya se mostraba interés por el problema del hombre.

En la **Edad Media**, se considera al hombre como creación de Dios a su imagen y semejanza. Todo lo que sucede con el hombre es producto de la voluntad de Dios, el hombre no existe, solo Dios[1].

En la **modernidad** el hombre aparece como un ser independiente de la religión y de Dios; a raíz de los descubrimientos realizados en el siglo XVI (redondez de la Tierra, Magallanes da la primera vuelta al mundo por mar, se deshecha la Teoría Geocéntrica, se inventa la imprenta, se masifica la producción de papel, etc.), cambió el pensamiento de los hombres, centrando su pensamiento

---

[1] WOJTYLA, Karol. (1998). El hombre y su destino. España. Pág. 209

sobre sí mismo; es decir, sobre el hombre, con corrientes filosóficas como el Racionalismo, el Humanismo, el Iluminismo, La Ilustración y obras como la Enciclopedia.

Es por eso que la **antropología filosófica** es una disciplina nueva, que aparece en pleno siglo XX, cuando el hombre se convierte en preocupación del mismo hombre, a partir de la Primera y Segunda Guerra Mundial, Guerra Fría, cambios políticos y económicos en el mundo, el lanzamiento de cohetes al espacio, las carreras armamentistas, el desarrollo y comercialización de alimentos transgénicos, la contaminación del medio ambiente y el calentamiento global, como una forma de entender la **naturaleza destructiva y belicosa de los seres humanos.**

NATURALEZA DE LOS SERES HUMANOS

Para comprender: ¿Qué es el hombre?, necesariamente tenemos que hablar de su naturaleza y diremos que, el hombre:

Es un ser social, porque no puede vivir solo ni aislado de los demás, para desarrollarse necesariamente tiene que vivir en sociedad, porque necesita de la aprobación o reprobación de sus actos por los demás.

Es un ser político, porque siempre ha querido tener poder, para someter a los demás y ser reconocido como ser superior.

Es un ser económico, porque piensa y siente en función de su clase social, que es determinado por su economía. El ser humano por dinero es capaz de robar, mentir, engañar, prostituirse, estafar, trabajar e incluso matar; puede cometer los actos más viles por ese su Dios, que es el dinero.

Es un ser sexual, porque su conducta está en función de los impulsos sexuales que se encuentran en su inconsciente. Es por eso que el hombre en sociedad se siente reprimido, ya que a él le gustaría andar desnudo, no trabajar; pero eso sí, tener todas las comodidades posibles, alimentos en abundancia, y un sinnúmero de parejas sexuales, que también estén desnudos(as).

Es un ser espiritual, porque tiene la necesidad de creer en algo, es por eso que cuando tiene algún problema, levanta la cabeza y pide ayuda. Hasta el materialista más radical, en algún momento de su vida pide ayuda a la divinidad, ya sea Dios, Alá, Buda, la Pachamama, los apus, las wacas, etc.

EXISTENCIA DEL SER HUMANO

El hombre es un ser temporal porque tiene un principio que es su nacimiento y un final que es su muerte; pero su existencia puede trascender más allá de los límites de la muerte, cuando deja obras, empresa, ideas, hace historia o simplemente deja buenos hijos a su sociedad y al mundo.

Si su existencia trascendió más allá de los límites de la muerte, su existencia fue auténtica, pero si no fue así, su existencia fue inauténtica, debido a que no hizo historia, no dejo huella alguna en este mundo, y porque se dejó absorber por las cosas y personas alienantes que le rodearon, cayendo de esta manera en un vacío existencial.

DESTINO DEL SER HUMANO COMO PARTE DEL COSMOS

El ser humano al ser parte del **cosmos**, tiene la enorme responsabilidad de conservar la armonía y orden en el cosmos; pero lamentablemente hace todo lo contrario, no acepta su **destino** como ser natural, porque contamina el medio ambiente, envenena los ríos, elimina a otros seres humanos porque los considera inferiores, manipula genéticamente los alimentos, utiliza su religión para matar, emprende carreras armamentistas, provoca el calentamiento global, juega a ser Dios creando vida con la clonación de plantas, animales y seres humanos; y crea nuevas enfermedades, como preparándonos para las temidas guerras biológicas y químicas.

En el hombre no todo es evolución, también se da la involución, la degeneración y la alienación, que no es el destino natural de los seres humanos; pero lamentablemente hoy, esto es una realidad.

CAPÍTULO II

LOS HOMBRES DIOSES EN UN MUNDO DE MORTALES

EL REFINADO ARTE DE MATAR

Cuarenta millones de años fueron necesarios para que el mono se transformarse en mono-hombre. Otros trescientos mil años hicieron falta para que esta especie animal aprendiera a levantar la cabeza, a sostenerse en sus dos pies y poder matar su presa con instrumentos de piedra. Cincuenta mil años después pudo descubrir el hierro, entonces sus métodos de muerte fueron aún más temibles. Quinientos años más tarde inventó la dinamita y algunas centurias después, construyó su primer submarino y su primer aeroplano. A partir de ese día su ingenio para matar a sus semejantes y a otras criaturas se hizo casi perfecto. Posteriormente construyó la bomba atómica y la bomba nuclear, que la utilizó en pro de su codicia de poder.

En la actualidad juega a ser Dios, promoviendo las carreras armamentistas, destruyendo la naturaleza y el medio ambiente, e incursionando en la manipulación genética, no solo de plantas y animales, sino también de seres humanos, por lo cual será importante preguntarnos: ¿Cuáles serán sus verdaderos propósitos?

EL ORIGEN DE LOS HOMBRES-DIOSES

El hombre es un animal perezoso, que odia la acción; pero cuando siente un peligro, una catástrofe, o un ataque de su enemigo, entra en acción, porque quiere preservar su existencia.

En los tiempos pre-históricos, el clima del mundo fue mucho más cálido de lo que es ahora. Nuestros velludos antepasados vagaban por las florestas, comiendo hierbas, raíces, frutos y carne cruda de otros animales. No se cubrían el cuerpo con ninguna especie de vestido, ni conocían lo que era el fuego.

Se entendían por medio de gruñidos y entrecortados gritos, pues no tenían aún la menor idea del lenguaje articulado.

Así vivieron los hombres primitivos hasta que, su existencia monótona se vio turbada un día por la presencia de extraños animales que bajaban corriendo desde los cerros, volviendo la vista aterrorizada hacia atrás. Poco después una masa gris apareció en la distancia, avanzando lentamente como un monstruo inmenso, mientras el ambiente se tornaba frío y el oscuro cielo se deshacía en pedacillos de nieve, que empezaron a caer furiosamente sobre la tierra. Fue entonces cuando la temperatura glacial hizo temblar los cuerpos y castañetear los dientes. Los hombres conocieron la angustia de un extraño dolor. **El primer Periodo Glacial** estaba sobre ellos[2].

Aquellos que lograron salvarse, buscaron refugio en las cuevas profundas, donde vivieron colectivamente para protegerse y buscar calor, vislumbrándose los primeros albores de la conciencia social.

---

[2] THOMAS, Henry. (1964). Hombres y dioses en la historia. Argentina. Pág. 79.

Obligados por la necesidad, atacaban a otros animales a quienes mataban para alimentarse y se abrigaban con sus pieles. Solo después de algunos milenios aprendieron a producir el **fuego**, por medio del frotamiento de dos pedazos de madera. Y ello les dio entonces su mejor arma contra el frío y contra otros animales más fuertes, que buscaban también las cavernas para guarecerse.

El descubrimiento del fuego, representó en esos días un poder ilimitado, que hacía de los hombres, **dioses frente a los demás**. En las cavernas el hombre también aprendió el uso del vestido, del lenguaje articulado e inventó los instrumentos y herramientas elementales para su subsistencia. Perfeccionó el uso de su mano, no solo para golpear a un objetivo próximo, sino también a uno lejano, tirando una piedra y palos, que resultaron ser armas, ya que las afiló y les sacó puntas, para matar más fácilmente a su presa, para degollarla y preparar sus alimentos. A partir de ese momento el hombre conquistó la primacía sobre el resto de los animales en el refinado arte de matar.

Es importante señalar que el hombre en su afán de destruir y matar a sus semejantes, necesitaba crear una fuerza más poderosa que la suya. Así realizo otra invención: inventó a Dios, o mejor dicho, a una serie de dioses. Una vez hecho esto, se dedicó a adorarlo y matar a aquellos de sus semejantes que se negaban a abrazar su creencia y su religión.

PRIMERAS CIVILIZACIONES

El valle del Nilo y la región comprendida entre el Tigris y el Eufrates, que eran tierras fértiles, fueron la cuna de la civilización, porque después del **último Periodo Glacial**, millares de nuestros antepasados acudieron a estos lugares desde los suelos helados, desde las montañas, desde los desiertos y desde las costas; aportando sus ideas, dioses y costumbres.

En estos lugares donde se habían asentado los egipcios y los mesopotámicos se construyó progreso, gracias a los esclavos **y semi esclavos** del hombre se erigieron los palacios de Babilonia y las Pirámides egipcias. Su llanto y su dolor levantaron estas obras monumentales que el mundo admira y resalta en su historia.

Lamentablemente los pueblos guerreros y belicosos, como es el caso de Egipto y Mesopotamia, **confiaron demasiado en la espada, para perecer por esa misma espada**, al igual que los otros pueblos que ostentaron el poder después de ellos, como los sumerios que construyeron la Torre de Babel; los accadios con su famoso rey Sargón; los amoritas con su famoso rey Hamurabí, que estructuró el primer código de leyes; los asirios con su perfecta maquinaria militar; los caldeos astrólogos; los cretenses con sus magníficos palacios y otros innumerables pueblos. En todo caso el estudio de aquellos tiempos, nos enseña que la guerra, no es solo matanza sino también suicidio, porque cada nación agresiva termina matándose junto con sus enemigos. Lamentablemente:

"Los hombres jugamos a ser dioses en un mundo de simples mortales".

La historia nos muestra que las civilizaciones antiguas eran guerreras y degeneradas y por esa misma razón sucumbieron, siendo el ejemplo más claro, **Alejandro Magno**, que murió a la edad de 33, pero había vivido el tiempo suficiente para cometer asesinatos y devastar más tierras, que ningún otro guerrero de la historia antigua; sin embargo, existieron tres naciones que llegaron no solo a sobrevivir sino también a ejercer una poderosa influencia sobre las civilizaciones de todas las épocas e incluso hasta nuestros días.

Estas naciones son la Hindú, la China y la Judía, que crearon un nuevo tipo de héroe, el profeta, el soñador, el pacifista; cuando los otros pueblos no hacían más que vanagloriarse por sus hazañas de guerras y conquista. Confucio y Lao Tsé en China, Buda en la India, Amos e Isaías en la nación Judía, fueron los primeros hombres que hicieron nacer un nuevo deseo en el corazón de sus naciones: el deseo de vivir y dejar vivir en paz.

Los hindúes, los chinos y los judíos salvaron su fuerza y vivieron, y siguen dando al mundo hombres como: Sun Yat Sen, Bergson, Gandhi y Tagore. Esto nos da a entender que: **"Las naciones que viven más largo tiempo son las naciones pacíficas del mundo"[3]**.

LA OSCURIDAD DE LA EDAD MEDIA

En la **Edad Media**, también denominada **Edad del Oscurantismo**, todo giraba en función de Dios y de la religión.Si las manzanas caían de los árboles, si alguien era rey, si alguien tenía 20 hijos, es porque Dios así lo había querido. Si alguien quería investigar o hacer ciencia, era acusado de hereje, blasfemo, brujo o de tener pacto con el

---

[3] DRIESCH, Hans. (1960). El hombre y el mundo. México. Pág. 173.

diablo, por lo cual era detenido y conducido a los **tribunales inquisidores**, donde lo torturaban hasta que confiese su delito de fe o hasta que muriese.

El suplicio de la tortura consistía en quemarlos en una hoguera, sacarles los ojos, cortarles una mano o la lengua, antes de ejecutarlos. También los partían en dos, les destrozaban el cuerpo, el cráneo y sus genitales; y en concreto los sometían a torturas solo imaginadas por mentes criminales, carentes de cualquier signo de conciencia sobre el dolor y el sufrimiento humano. Los religiosos responsables de los tribunales inquisidores, **creían ser dioses** porque decidían sobre la vida de los demás.

La persecución a los herejes fue ejecutada con saña y malicia, confiscando bienes y apropiándose de sus mujeres, destruyendo pueblos y templos obligando a los habitantes a hacerse católicos o emigrar.

No conforme con la muerte de más de 50.000 mujeres asesinadas en la hoguera por ser supuestamente brujas y más de un millar de hombres muertos en los tribunales inquisidores, el Papa Urbano II **empezó las cruzadas** en 1095, atacando a **los musulmanes** que profesaban el **Islamismo**, con el pretexto de **recuperar el Santo Sepulcro**, la tumba de Cristo, que estaba en manos de los infieles; es decir, de los musulmanes, demostrando intolerancia religiosa, propia de los dioses.

Los que iban a esta **guerra supuestamente santa**, según el Papa, conseguirían su salvación eterna, porque se les perdonaría sus pecados.

Con la **Reforma** iniciada por **Lutero**, monje alemán, como protesta contra la **venta de indulgencias**, venta del perdón de los pecados a los fieles, realizada por el Papa León X, que necesitaba financiar la construcción del templo de San Pedro, se llegó a romper la unidad de la **Iglesia Católica**, porque dio nacimiento a la **Iglesia Protestante**.

Esto dio lugar a la persecución de los herejes protestantes por parte de la iglesia, que fue implacable y sanguinaria, **instaurando nuevamente los tribunales inquisidores**, para perseguir a los que profesaban una religión diferente.

Las diferencias de religión dieron lugar, a guerras religiosas entre Estados, unos que habían asumido el protestantismo y otros el catolicismo; e incluso como en el caso de Alemania, produjeron guerras civiles, y todo porque la iglesia protestante había señalado que las escrituras sagradas podían ser interpretadas de manera directa por los fieles y que la salvación se la conseguía por medio de la fe, por medio del contacto directo con Dios, es decir, mediante la oración, sin necesidad de la intermediación de la iglesia, ni de la idolatría a santos e imágenes.

En la Edad Media el hombre mató, asesinó, robó, violó y torturó a millones de otros seres humanos como un **semidiós** en nombre de Dios, sin respetar el mandato divino de **"Ama a tu prójimo, como a ti mismo"**, y fomentando la esperanza del **"más allá"** y la miseria del **"más aquí"**.

LA MODERNIDAD Y SUS DEMONIOS

El ser humano al ser un animal político, siempre ha querido gobernar a sus semejantes, para dominarlos y someterlos. Pero a esto también podríamos añadir que, el hombre es un animal económico, porque en la modernidad, no solo busca **poder**, sino también acumular **capital** a cualquier costa, **incluso destruyendo a la naturaleza y al mundo.**

La Revolución Industrial que se dio en la modernidad, convirtió al hombre simplemente en una máquina de producir bienes y dinero. El hombre es un esclavo del dinero y del capital; pero descubre también, que puede explotar a su prójimo, descubre que a través de la fuerza y la guerra, puede hacer que otros trabajen para él, irguiéndose en todo su esplendor el **lobo de Hobbes.**

Solo más tarde, se dio cuenta que esa forma de pensar, esa filosofía occidental, que cree ser dueña de la verdad, conduce a la humanidad a la destrucción general del mundo, porque la **MUERTE** es representada por: **"Sócrates, Platón, Aristóteles, Descartes, Kant, Hegel, Nietzsche, Sartre, Maquiavelo, que son MENTIRA Y ASESINATO"**, ya que este pensamiento europeo está alojado en los cerebros de sus líderes: **Napoleón Bonaparte, Ronald Reagan, Adolfo Hitler, Maximilien Robespierre, J. Stalin, W. Churchill, Benito Mussolini y otros**. Como hermanos siameses han marchado hacia la destrucción del mundo.

Éste es el caso de Einstein, quien para ayudar a derrotar a Hitler, utiliza sus conocimientos y su **razón**, que es el soplo vital de la filosofía occidental, desde el **"cogito ergo sum"** de Descartes, para crear la **Bomba Atómica**, que es lanzada el 6 de agosto de 1945 sobre Hiroshima y Nagasaki, convirtiéndolos en ceniza radiactiva, en un drama indescriptible.

El Instituto Imperial de investigaciones atómicas del Japón, hizo un posterior estudio sobre los efectos de la Bomba Atómica, llegando a las siguientes cifras: "Desde el 6 de agosto de 1945 hasta el año de 1954, nacieron en Hiroshima 32.179 niftos. De ellos 500 nacieron muertos; 20 fueron abortados espontáneamente sin causa aparente; 1.107 nacieron con defectos graves en la estructura ósea, muscular, dérmica y trastornos nerviosos graves; 21 con un ojo o con ninguno; 4 sin la concavidad del ojo; 56 con cerebro deforme; 31 sin cerebro; 11 sin sentido del olfato; 180 sordos; 220 ciegos; 2 sin orejas; 2 sin boca; 59 con las gargantas atrofiadas; 127 niñas sin órganos sexuales; 250 con labios deformes y 156 sin recto"[4]. "¡No más Hiroshima y Nagasaki!" es el clamor del mundo.

No conforme con esto, después de Hiroshima y Nagasaki, los Estados Unidos, Rusia, Inglaterra, China, Francia, Corea de Norte y otros continuaron con sus pruebas nucleares, desparramando radioactividad sobre el planeta Tierra. Los primeros son idea (filósofos) y los segundos acción (asesinos).

Esta nauseabunda filosofía occidental, siempre habla del hombre; pero al mismo tiempo, lo asesina dondequiera que lo encuentra, en todas las esquinas de sus calles y en todos los rincones del mundo.

---

[4] REINAGA, Fausto. (1984). Europa prostituta asesina. Bolivia. Pág. 49.

CAPÍTULO III

EL HOMBRE Y LA POLÍTICA

(NICOLÁS MAQUIAVELO)

Nació en Florencia, Italia (1469-1527). Fue diplomático en diferentes Cortes de Europa. Sus principales obras son: "El príncipe", "El arte de la guerra" y "Discursos sobre la primera década de Tito Livio".

CONTEXTO HISTÓRICO

Maquiavelo vivió en una época donde las gentes hablaban como ángeles y actuaban como demonios. Fue contemporáneo del rey **Fernando VII de España**, rey déspota, cruel, oportunista y traidor; del **Papa Alejandro VI**, que envenenaba a sus amigos y luego bendecía sus almas, y de **César Borgia**, hijo de este Papa, quien fué un digno hijo de su padre, asesinó a su hermano mayor, a su cuñado y a otras personas que eran un obstáculo para sus planes. Como su padre, fue un maestro de la hipocresía y un verdadero virtuoso en el arte de matar; podía victimar a sus amigos en el momento de abrazarlos y envenenar a sus visitantes cuando los invitaba a comer o a beber.

Estos tres personajes, el rey Fernando, el Papa Alejandro VI y Cesar Borgia, fueron líderes perfectamente representativos de su tiempo. Dirigían diestramente la atención del pueblo hacia los bienes del cielo; pero ellos por el contrario se lanzaron vorazmente sobre los bienes de este mundo, porque engañaron, estafaron y mataron, para llegar más rápido a la cúspide. Ese fue el **contexto histórico** en el que vivió **Maquiavelo**.

EL HOMBRE ES UN ANIMAL POLÍTICO

Según Aristóteles el hombre es un animal social y político; social porque no puede vivir solo, ni aislado de los demás, y político porque siempre ha tenido la tendencia de gobernar y someter a los otros como él. Siempre ha querido ser reconocido por los demás, como un ser superior.

Por estas razones el hombre hace política, porque le gusta el poder, que es la esencia de la política.

LA POLÍTICA

Si bien la política es concebida como el arte de gobernar bien los Estados, para Maquiavelo, **"La política es solo política"**, se separa de la religión y la moral. La política no solo enseña a los gobernantes a llegar al **poder**, sino a ejercerlo, mantenerlo, reproducirlo y transferirlo[5].

En la política no intervienen la moral, la religión, la Pachamama, el tío, las ánimas, los apus, las wacas y otros referentes de fe, propios de cada realidad cultural.

LOS GOBERNANTES

Maquiavelo en su obra: **"El Príncipe"**, señala que para un gobernante, **"El fin justifica los medios"**, debiendo velar siempre por el bienestar del Estado. Por lo tanto, el príncipe (gobernante o político), por el bien de su pueblo y de su causa, no siempre debe ser bueno, debe abstenerse de la

---

[5] VELASQUEZ, Julio. (2013). Cuestiones sobre el poder político. Bolivia. Pág. 39.

bondad, todo dependiendo de las circunstancias. En fin, el hombre bueno no siempre es un buen político.

Los medios serán juzgados siempre honorables, siempre y cuando sirvan para un fin mayor que es el bienestar del Estado, valiéndose muchas veces de la manipulación para mantener a los súbditos en un estado de sumisión frente al Estado.

El buen gobernante siempre debe velar por el Estado, aún limitando su propia libertad y su poder, porque el Estado debe proteger a sus gobernados. En eso consiste el poder, ayer, hoy y como siempre.

EL HOMBRE Y EL ESTADO

Todos los Estados que han ejercido poder sobre los hombres, han sido repúblicas y principados. Cuando se habla de Estados se habla de dominio, allí donde hay Estado hay dominio, y éste es sobre los hombres, ello ocurre porque hay soberanía, porque hay poder; se domina sobre los hombres porque hay poder del Estado.

El accionar de los políticos, a lo largo de la historia, siempre tuvo como norte el poder político, el poder del Estado y la puesta en marcha de ese poder. La cuestión del poder político es el objeto mayor de estudio, tanto del pensamiento político antiguo, como de la ciencia política contemporánea.

LOS HOMBRES LOBO

Según Hobbes: "Todos los hombres nacen buenos e iguales, pero la sociedad los corrompe y se convierten en **lobos del mismo hombre** e incluso en **lobos del Estado**", es por eso que el Estado para ejercer su poder coercitivo sobre el hombre, creando normas que regulan su conducta, que lo hacen aparentemente un buen ciudadano, pero por su naturaleza los gobernantes según Maquiavelo deben valerse de todos los medios coercitivos del Estado para someterlo y regular su conducta, porque caso contrario se rebelará contra los gobernantes y el Estado.

LAS 10 REGLAS SALVAJES DE MAQUIAVELO

El príncipe o gobernante al ser un semidiós dentro del Estado, debe cumplir diez salvajes mandamientos, los cuales son:

1)   **Cuida ante todo tus propios intereses aún a costa de la opresión**, porque si no oprimes a otros, ellos te oprimirán a ti.

2)   **Hónrate a ti mismo antes que a nadie**, porque en el momento en que uno de tus subalternos se haga figura peligrosa, aplástalo sin piedad.

3)   **Practica el mal y aparenta que haces el bien**, porque el gobernante siempre debe ser hipócrita y nunca sincero. "Que la piedad hable en tu lengua, mientras el mal habla en tu corazón".

4)   **Codicia y atrapa todo lo que puedas**, porque el príncipe debe estafar a todos los que pueda y hacer callar a todos los que se quejan; debe robar al débil y estafar al fuerte.

5)   **Lo mejor, después de todo, es ser un miserable**, porque un príncipe debe guardar su dinero y gastar el

dinero de otras gentes; es decir, el dinero robado a los extranjeros en la guerra.

6) **En todo caso es mejor la brutalidad**, porque un príncipe, cuyo trabajo principal consiste en esclavizar a todos los demás, no puede mostrarse nunca amable.

7) **Engaña a la gente cada vez que tengas ocasión**, porque el mundo está predispuesto al engaño, es por eso que el príncipe para aplastar a sus competidores, debe hacerse deliberadamente el bruto, aparentar que no sabe nada.

8) **Abate a tus enemigos y si es necesario**, también a tus amigos, porque el príncipe no puede confiar en nadie, y si hay indicios de traición, no debe dudar ni por un momento, en castigar a los gestores de esa acción, ya sean enemigos o amigos.

9) **Emplea la fuerza antes que la amabilidad al tratar con otras gentes**, porque el príncipe debe inspirar temor, antes que cariño.

10) **No pienses en otra cosa que en la guerra**, porque un príncipe debe dedicarse exclusivamente al arte de matar, porque la guerra es el arte más importante para el que gobierna. En tiempos de paz siempre debe estar preparado para la guerra.

CAPÍTULO IV

EL HOMBRE IDEALISTA

(GEORG WILHELM FRIEDRICH HEGEL)

Nació en Stuttgart, Alemania (1770-1831). Sus principales obras son: "Fenomenología del espíritu", "Enciclopedia de las ciencias filosóficas", "Filosofía de la historia universal", "Filosofía de la religión" y "Ciencia de la lógica".

Hegel, filósofo **idealista**, pertenecía a una familia burguesa que estaba en contra de la situación de explotación y miseria de los trabajadores.

CONTEXTO HISTÓRICO

En 1760 se inicia la llamada **Revolución Industrial Inglesa** y con ella se liquida definitivamente las formas de producción medieval y se inaugura el capitalismo moderno. Con esto Inglaterra se transforma en el Estado capitalista más poderoso y con influencia en los otros Estados, siendo su burguesía la que financió la Revolución Francesa.

Hegel pretende lograr con su pensamiento filosófico el despertar de Alemania de su letargo medieval y de su división interna, para que se pueda adaptar a las transformaciones económicas, políticas y sociales de Europa.

IDEALISMO

Hegel señala: **"Todo lo real es racional y todo lo racional es verdadero"**. **"Los objetos materiales, una vez que los pensamos se convierten en ideas"**, lo verdadero son las ideas, las ideas son parte de una idea absoluta que es Dios, que es lo único verdadero y real. Por esta razón el mundo es un todo armonioso, porque es parte de la idea absoluta y porque está ordenado racionalmente, siendo así, es perfecto[6].

DIALÉCTICA HEGELIANA

La Dialéctica Hegeliana tiene tres partes: **tesis, antítesis y síntesis**. La tesis consiste en afirmar algo sobre algo. La antítesis es una negación de la tesis. La síntesis es una nueva tesis a partir de la articulación de la tesis y la antítesis.

La dialéctica enseña: "Que nada es, todo está siendo". Ser es contradecir a un Ser anterior y ser a la vez, el túnel que conduce a un nuevo Ser posterior.

LA REALIDAD

La realidad es dialéctica: cada cosa, cada suceso, es un momento del devenir (cambio) que conduce a la idea. Cada acontecimiento niega un acontecimiento anterior y da lugar a un nuevo acontecimiento, fruto de esa negación.

El primer momento de la afirmación es la **tesis**; el segundo momento de la negación de la afirmación, es la **antítesis**; y el tercer momento de la superación del antagonismo entre la afirmación y la negación, es la **síntesis**.

La realidad es dialéctica porque está en constante movimiento, es dinámica y pasa de un estadio a otro, nunca se detiene.

---

[6] HEGEL, Friedrich. (1940). Fenomelogía del espíritu. España. Pág. 157.

HISTORIA Y FILOSOFÍA

Según Hegel: **"No existe historia sin contradicción, sin contradicción no hay revolución y sin revolución no hay mañana"**. Partiendo de esto, la historia es un proceso permanente. La historia va avanzando a través de la negación.

La historia es una fragmentación de hechos infinitos, no es una totalidad ni una verdad absoluta. La historia se desarrolla a través de las rupturas y negaciones, puede cambiar.

El hombre ha hecho la historia por su razón histórica, siendo en este sentido el hombre y los procesos históricos, la realidad concreta.

Toda filosofía es filosofía de su tiempo, es un eslabón en la cadena entera de la evolución espiritual; por tanto, la filosofía solamente puede satisfacer los intereses adecuados a su época o contexto histórico.

DIALÉCTICA DEL AMO Y DEL ESCLAVO

Hegel plantea la dialéctica del amo y del esclavo a partir del cómo se originó la historia. Según este filósofo, la historia comienza cuando se enfrentan **dos deseos de poder**.

El hombre desea que el otro lo reconozca como su superior. Desea que el otro se someta a su voluntad y el otro desea lo mismo. Las dos conciencias que desean, saben que es una lucha a muerte.

Este conflicto que se da a partir de la lucha entre dos conciencias que desean poder, se resuelve porque uno de los dos, tiene miedo a morir. El que tiene miedo a morir antepone su miedo a la muerte antes que su deseo de reconocimiento como ser superior. En el ganador es más fuerte el deseo de reconocimiento como ser superior, que el miedo a la muerte.

El ganador es el amo y el perdedor es el esclavo. Es por eso que el esclavo trabaja para el amo.

El amo recibe pasivamente todo lo que le da el esclavo y se vuelve ocioso. El que termina siendo humano es el esclavo y el que termina siendo cosa es el amo, porque los esclavos transforman la naturaleza y el amo solo come. Con todo esto el esclavo niega al amo.

El amo es un **semidiós** frente al esclavo, ya que puede decidir sobre la vida de este y su familia, lo oprime y lo explota sin misericordia.

CAPÍTULO V

EL HOMBRE ECONÓMICO

(KARL MARX)

Nació en Tréveris, Alemania (1818-1883). Sus principales obras son: "El Capital" y "El Manifiesto Comunista".

CONTEXTO HISTÓRICO

Marx apoyándose en la Dialéctica Hegeliana de su maestro Hegel, plantea que en la materia y en la sociedad existen fuerzas que se contraponen (tesis y antítesis), las cuales generan a su vez, movimiento, cambio y desarrollo progresivo, tanto en la materia como en la sociedad (síntesis).

Hegel también afirma: **"Todo lo real es racional y todo lo racional es verdadero"**, por tanto, este mundo está organizado racionalmente, siendo así, perfecto. A esto Marx cuestiona: **"Si este mundo es perfecto y racional; ¿Por qué existe la opresión, la explotación, la injusticia, la pobreza y el sufrimiento en el mundo?"**.

En relación a este tema Adam Smith en su obra: **"La riqueza de las naciones"**, publicada en 1776, apoya el **liberalismo** económico y sus postulados: respeto a la propiedad privada, la libertad de acción y la libertad de empresa, como fuente de riqueza de las naciones. Esto según Marx, genera la explotación del hombre por el hombre.

Thomas Malthus por su parte, en su obra: **"El principio de las poblaciones humanas"**, publicada en 1798, propone que el desarrollo económico de4 los pueblos debe ir proporcionalmente a la par, con el crecimiento demográfico (población). Es decir, a mayor población mayor crisis económica, a menor población mayor crecimiento económico, proponiendo el control de la natalidad en los países pobres y tercermundistas, lo cual implica matar a los pobres y guerrilleros tercermundistas en el vientre mismo de sus madres.

Si hoy, relacionamos esta propuesta con el desarrollo masivo de los **alimentos transgénicos y las carreras armamentistas**, encontraremos que hay muchas coincidencias.

LA FILOSOFÍA Y SU ROL REVOLUCIONARIO

Según Marx que es materialista, la filosofía debe primero interpretar la realidad, para luego buscar la transformación cualitativa de esa realidad, que es la sociedad, el país y el mundo. Debe también viabilizar la praxis social y revolucionaria, siendo el filósofo un revolucionario por naturaleza, que hará uso de la verdad para combatir el flagelo de la pobreza, miseria, discriminación, opresión, sufrimiento; pero ante todo la injusticia. La realidad y la historia no son verdades absolutas, cambian; por lo mismo, son verdades relativas.

HISTORIA

El materialismo considera a la historia como una lucha de clases sociales, entre los que tienen y los que no tienen, es decir entre la burguesía y el proletariado. Siendo Marx, el primer presidente de la Asociación Internacional de Trabajadores (A.I.T.), propone que los trabajadores deben tomar el poder mediante una revolución armada y una vez que estén en el poder, imponer la **"Dictadura del proletariado"** (normas que favorezcan a los trabajadores) y **eliminar la propiedad privada que es la causa de todos los males de los trabajadores**. Si se elimina la propiedad privada, no habría clases sociales ni tampoco lucha de clases, implantándose con esto el Socialismo que es la antesala del Comunismo; pero a esto, convendría preguntarnos: ¿Será posible que alguien acepte que le quiten su propiedad privada, aquella que le ha costado conseguir con años de incesante trabajo y privaciones?

IGNOMINIA

Según Marx los trabajadores, la clase proletaria vive en un estado de ignominia, de indignidad, porque es explotada, oprimida y pisoteada por la clase burguesa; pero lamentablemente la clase social del proletariado no toma conciencia de su situación y vive alienada con el trabajo que le da su empleador burgués.

Voltaire en su obra: **"Cándido o del optimismo"**, señala al respecto: **"Para que algunos vivan en el mejor de los mundos posibles, otros tienen que vivir en el peor de los mundos posibles"**.

Según Marx, hay que irritar a las masas atacando su ignominia, su indignidad, ya que las masas son las llamadas a ejecutar la revolución armada de la clase proletaria en contra de la clase burguesa. Por esta razón, hay que hacer de la ignominia de los trabajadores, una situación mucho más ignominiosa, para que puedan tomar conciencia de su situación y buscar un cambio de su realidad.

La filosofía en ese sentido debe tener la finalidad de que los trabajadores tomen conciencia de su situación de ignominia e indignidad en la que viven, para que estos a su vez, puedan cuestionar su propio mundo y el mundo que les rodea. El momento en que toman conciencia de su ignominia e indignidad a través de una actitud crítica y reflexiva, buscan el cambio, la transformación cualitativa de su realidad.

EL HOMBRE, UN SER ECONÓMICO

El hombre es un ser económico, porque su conciencia y su conducta están en función del patrimonio económico que tiene y la clase social a la que pertenece. El patrimonio económico y la clase social determinan su puesto en la sociedad y su conciencia social.

Es más fácil que un hombre olvide a un familiar fallecido que el patrimonio que éste tenía en vida.

El hombre por dinero, trabaja, engaña, roba, miente, se prostituye, corrompe, vende drogas, envenena ríos, deforesta bosques, mata, etc. No es raro escuchar que una esposa mata al esposo para quedarse con su dinero, o que los hermanos se peleen porque los padres no dejaron su disposición testamentaria, o que alguien ha sido estafado y perdió su casa, o que alguien se prostituyó por dinero, entre otras cosas.

El ser humano antes de hacer filosofía, arte, religión, ciencia y deporte, debe comer, porque tiene necesidades materiales.

MATERIA Y MATERIALISMO

El materialismo es la corriente filosófica que señala que el mundo material es lo único real, la materia da lugar al pensamiento y al espíritu, no existe nada fuera de la materia y de sus leyes, todo proviene de ella, siendo sus características: el movimiento, el espacio y el tiempo.

La materia condiciona al hombre, ya que la materia se traduce en bienes económicos, siendo estos bienes los que determinan su ubicación en una determinada clase social, y en consecuencia eso también determinará su conciencia social. La historia que también es una realidad concreta, dará forma a la conciencia social del hombre, quien decidirá su lineamiento ideológico y su posición política, en un determinado momento histórico.

LA PRAXIS Y EL CONOCIMIENTO

La teoría debe ir acompañada de la transformación cualitativa de la realidad, porque los conocimientos del ser humano deben plasmarse en la praxis, que satisfaga sus necesidades materiales. La praxis debe tener por finalidad, transformar la naturaleza, la sociedad y el mundo. También incluye la lucha de clases, la liberación nacional y la experiencia científica, ya que la praxis es el único criterio de verdad para transformar las estructuras de las relaciones de producción y los modos de producción, **"No se necesita interpretar el mundo, sino transformarlo"**.

Toda revolución debe ser constante, por eso se tiene que formar cuadros políticos nuevos. Algunos revolucionarios no se pueden quedar mucho tiempo en el poder.

ESTRUCTURA Y SUPERESTRUCTURA

La **estructura** es la base económica o modelo económico de un Estado, que determina la superestructura: educación, salud, religión, normas, política, etc.; siendo en este caso la **superestructura** un reflejo de la **estructura**, es decir de la base económica. Es por esa razón que la vida espiritual de la sociedad es un reflejo de la vida material de la sociedad[7].

MODOS DE PRODUCCIÓN

Son las distintas maneras de producir bienes económicos (mercancías), que satisfacen las necesidades de los hombres. Se debe entender que los bienes económicos surgen de la transformación de la naturaleza o mejor dicho, de su destrucción.

Los modos de producción que se han dado a lo largo de la historia son: modo de producción del Régimen de la Comunidad Primitiva, modo de producción Esclavista, modo de producción Feudal, modo de producción Capitalista, modo de producción Socialista y modo de producción Comunista. En todos estos modos de producción siempre hubo **hombres que se creían verdaderos dioses por el poder que tenían y simples mortales que carecían de cualquier forma de poder**.

RELACIONES DE PRODUCCIÓN

Las relaciones sociales establecidas entre los hombres en el proceso productivo constituyen las relaciones de producción, ya que el hombre no puede producir aisladamente, sino tiene que hacerlo de manera conjunta con

---

[7] HARNECKER, Martha. (1986). Los conceptos fundamentales del materialismo histórico. México. Pág. 96.

otros como él, por eso el trabajo es social. Pero estas relaciones, son relaciones de poder entre la burguesía y el proletariado. Los burgueses se sienten **dioses** frente a la clase proletaria.

EL TRABAJO

El factor decisivo para el origen, evolución y desarrollo del hombre es el trabajo. Gracias al trabajo el hombre puede transformar la naturaleza, pero también la destruye.

El hombre no puede existir sin alimentos, ropa, vivienda y otros bienes materiales, para obtenerlos debe trabajar, es por eso que el trabajo es una necesidad natural y social. Por otro lado, **el hombre se aliena**, porque su conciencia se subordina ante el poder del dinero.

El trabajo de las masas populares y de los trabajadores, determina el desarrollo económico de la sociedad y de su desarrollo histórico.

PLUSVALÍA

Para hablar de la plusvalía previamente se debe hacer un análisis de la mercancía, que tiene dos características principales: su valor de uso (para usarlo) y su valor de cambio (para venderlo).

La mercancía vale el tiempo de trabajo socialmente necesario para construirlo. El trabajador emplea un tiempo determinado para construir una mercancía o bien económico, y por ese tiempo que emplea, se le paga, obviamente no en su totalidad, porque tiene que haber la ganancia respectiva para el empleador o capitalista burgués, quien explota a sus trabajadores[8].

En ese sentido, la plusvalía es el **excedente de trabajo** que no se le paga al trabajador. Si un mueble se lo fabrica en 14 hrs., el empleador solo le paga al trabajador por 10 hrs., el resto se queda como ganancia del empleador, esa es la plusvalía.

RELIGIÓN

Según Marx: **"La religión es el opio del pueblo"**, porque la religión promete a todos el reino de los cielos, que está más allá de este mundo terrenal. La religión trata de paliar en algo el **sufrimiento de los hombres** en este mundo terrenal, prometiéndoles que en la otra vida tendrán todo (riqueza, salud y felicidad), adormeciendo su sufrimiento, al igual que las drogas, por lo menos por un tiempo, pero este sufrimiento volverá y con mayor fuerza, porque este sufrimiento no es en el más allá, sino en el más acá.

LA ALIENACIÓN DEL HOMBRE

El mundo se presenta como un enorme manicomio en el que todo se vende, incluso la conciencia del hombre. La economía, que es creación humana, aparece deshumanizada; y con ello, la sociedad pierde sentido y lucidez. Esta alienación del dinero sobre el hombre, convierte el poderío social en poderío privado de los particulares. "El dinero resume en sí, todo el poder alienado de la humanidad".

Esto se plasma en el "Timón de Atenas" de Shakespeare, que dice:

"¿Oro? ¿Oro? ¿Precioso, metal, fascinante? Con él se torna blanco el negro y hermoso el feo; bueno el malo, joven el

---

[8] MARX, Kart. (1954). El capital. España. Pág. 276-277.

viejo, valiente el cobarde, noble el ruin; bendice al maldito; hace amable la lepra; honra al ladrón y le da rango, pleitesía e influencia en el consejo de senadores; conquista pretendientes a la viuda vieja y encorvada. ¡Oh! maldito metal, vil ramera de los hombres".

EL DIOS DINERO

Para los hombres en el sistema capitalista, **el dinero es un Dios**, al cual adoran y rinden culto; el dinero compra conciencias, corrompe, prostituye e incluso genera muerte. El ser humano se convierte simplemente en una mercancía, se deshumaniza, al punto de llegar a ser objeto y no sujeto.

Los poseedores del Dios dinero son verdaderos dioses en este mundo, ya que juegan con la vida, no solo del ser humano, sino también de la naturaleza y del planeta.

CAPÍTULO VI

EL HOMBRE Y LA CIENCIA

(AUGUSTO COMTE)

Nació en Montpellier, Francia (1798-1857). Es fundador del positivismo. Sus principales obras son: "Curso de filosofía positiva", "Discurso sobre el espíritu positivo", "Sistema de política positiva" y "Tratado de sociología".

Comte es considerado como el **"Padre de la sociología"**, porque fue su fundador.

Trata de fusionar y complementar la filosofía con la ciencia, aplicando en la filosofía métodos científicos como la observación y la experimentación.

SABER POSITIVO

Según Comte el saber positivo o científico, es el único que tiene validez absoluta, ya que se basa en la experiencia sensible y se puede comprobar experimentalmente una y otra vez, teniendo por eso mismo, valor científico. Es por eso que Dios, el Ser, el alma, el espíritu, la existencia, son incognoscibles, solo se los puede considerar como hipótesis o creencias.

LEY DE LOS TRES ESTADOS

Comte para explicar el desarrollo del conocimiento humano y el desarrollo de las sociedades, crea la teoría de la "Ley de los tres estados" que señala: "El conocimiento humano y las sociedades, para su evolución y desarrollo han tenido que pasar por tres estados o etapas: el Teológico, el Metafísico y el Positivo"[9].

ESTADO TEOLÓGICO

El hombre en el **Estado Teológico** busca explicar los fenómenos de la naturaleza, atribuyéndolos a seres sobrenaturales, a uno o varios dioses. Este estado presenta tres fases que son: **el fetichismo, el politeísmo y el monoteísmo**.

En el fetichismo se considera al Sol, Luna, Tierra, bosque, cerros, etc., como seres animados y con personalidad, dotados de vida y que rigen la vida de los seres humanos. En el politeísmo se admite la existencia de varios dioses, con poder mágico sobre los seres humanos y acontecimientos. En el monoteísmo se admite un solo Dios, dotado de poderes y que gobierna al mundo.

En este estado, que es la infancia del conocimiento humano, gobiernan **los sacerdotes y los monarcas** quienes tienen el poder absoluto.

ESTADO METAFÍSICO

El hombre en el **Estado Metafísico** sustituye las divinidades y los agentes sobrenaturales por entidades ontológicas, como ser: las esencias, las causas y otras fuerzas inherentes a la naturaleza y las construcciones racionales.

---

[9] ROLÓN, Mario. (1968). Problemas y contradicciones del hombre actual. Bolivia. Pág. 81.

En este estado, que es un periodo intermedio entre el Estado Teológico y el Estado Positivo, los que gobiernan son **los filósofos y los juristas**.

ESTADO POSITIVO

El hombre en el **Estado Positivo** y después de mucho tiempo de errores, comprende que debe sustituir la imaginación y la fantasía de los anteriores estados, por la **observación y comprobación de los hechos** que suceden en la realidad, ya que nuestros conocimientos deben servir para atender nuestras necesidades reales. Estas necesidades reales se dan en el marco de una sociedad, es por eso que en el **Estado Positivo** el desarrollo intelectual de la sociedad es una característica fundamental, así como también el desarrollo de las ciencias y tecnología.

En el **Estado Positivo**, que es el estado superior, deberían gobernar **los científicos**.

Según Comte, estos tres estados determinan el **desarrollo de una sociedad y el desarrollo intelectual de sus habitantes** (conocimientos).

LOS HOMBRES DIOSES Y LA CIENCIA

Los **hombres-dioses** utilizan la ciencia para fines mezquinos y egoístas; sin ningún tipo de moral utilizando la ciencia para sus fines personales; no les interesa el ser humano, la naturaleza, ni el planeta Tierra.

Este mal uso de la ciencia, se traduce en la creación y desarrollo de semillas y alimentos transgénicos, las carreras armamentistas, lanzamiento de la Bomba Atómica (Hiroshima y Nagasaki), la clonación de animales, la clonación de seres humanos (siempre lo han negado, pero quién les cree), la creación y desarrollo de armas biológicas a partir del descubrimiento del mapa genético humano, y el desarrollo de armas químicas. Todo esto representa un atentado a la vida, ya que genera muerte, enfermedades, pobreza y degradación del ser humano; pero lo grave del asunto es que estos hechos son concebidos por el mismo hombre, que **juega a ser Dios**, porque crea vida, pero al mismo tiempo la destruye.

LA CIENCIA AL SERVICIO DEL ESPIONAJE DE LOS HOMBRES DIOSES

Los hombres dioses utilizan la ciencia y la tecnología para espiarte y violar tu privacidad, mediante sus agencias de espionaje (CIA, GRU y empresas de internet) ya que son capaces de hackear teléfonos inteligentes, ordenadores portátiles y televisores conectados a internet, generando actitudes paranoicas en las personas de todo el mundo. Ningún sistema informático es impenetrable, ya que con suficiente tiempo, esfuerzo y recursos, un estado-nación o incluso un grupo cibercriminal bien financiado es capaz de comprometer casi cualquier sistema de consumo masivo que se considere seguro.

Samsung advirtió que sus televisores inteligentes por los sensores que llevan, podrían estar escuchando conversaciones, incluso estando apagados y transmitir los datos capturados "a un tercero a través del uso del reconocimiento de voz". Con el tiempo la utilización de estos sensores será masiva en pulseras digitales, relojes, heladeras, hornos, lavarropas, indumentaria, juguetes, objetos decorativos y más.

CAPÍTULO VII

EL HOMBRE Y LAS RELACIONES DE PODER

(MICHEL FOUCAULT)

Nació en Poitiers, Francia (1926-1984). Fue historiador, psicólogo, teórico social y filósofo francés. Sus principales obras son: "Historia de la Locura en la Época Clásica" (1961), "Las palabras y las cosas. Una arqueología de las ciencias humanas" (1966), "Vigilar y castigar" (1975), "Historia de la sexualidad" (1976) y "La hermenéutica del sujeto" (2001).

Su pensamiento es una crítica histórica a la modernidad, porque desde su concepción, el poder usa la razón para imponer una verdad.

EL HOMBRE Y LA VERDAD

El hombre a través de la filosofía, hace que exista lo verdadero y lo falso; pero también se formula el siguiente cuestionamiento: **¿Podrá el hombre conocer realmente lo que es verdadero y lo que es falso?**

En ese sentido, es importante preguntarse: **¿Qué es la verdad?**, **y Foucault responderá: "La verdad es la interpretación de la realidad, por parte de aquellos que tienen poder, quienes crean y consolidan una verdad a partir de sus intereses y necesidades, para luego imponer esta su verdad a los que no tienen poder"**[10].

---

[10] FOUCAULT, Michel. (1966). Las palabras y las cosas. Una arqueología de las ciencias humanas. Argentina. Pág.88.

Foucault desde la filosofía crítica y, por supuesto revolucionaria, denuncia los peligros del poder, donde se emplea la razón para imponer y someter a los seres humanos a una verdad, a la verdad que es interpretada por el poder. A pesar de ello, creía que donde existe el sometimiento al poder, siempre existirá un atisbo de búsqueda de libertad en cada sujeto. Donde exista imposición del poder, siempre habrá resistencia a ese poder.

HOMBRE Y HUMANO

Foucault, en su libro: **"Las palabras y las cosas"**. Una arqueología de las ciencias humanas (1966), parte de la afirmación: **"El hombre ha muerto"**, sentencia obviamente nietzscheana **paralela a la muerte de Dios**. Foucault para llegar a esta conclusión, lo que hace primero es sacar al hombre de la centralidad del pensamiento Cartesiano. Desde su interpretación, el hombre no existía hasta antes del siglo XVIII, porque en la Edad Media solo existía Dios; básicamente es una criatura muy reciente al que las ciencias humanas han tratado de estudiar, **no para conocerlo mejor sino para dominarlo**.

Según Foucault, el hombre moderno ha desaparecido, ha muerto, porque simplemente se ha convertido en una mercancía, en un objeto, ya que está sujeto a la verdad que le imponen los que ostentan el poder. Nuestro humanismo duerme serenamente sobre su refunfuñona inexistencia, es por eso que deberíamos preguntarnos: **¿Será erróneo creer que estamos ligados a la verdad del mundo?**, y la respuesta será, si es erróneo.

LAS SOCIEDADES DISCIPLINARIAS

Foucault señala que el poder se vale de las sociedades disciplinarias para imponer su verdad. Estas a su vez se apoyan en sus instituciones sociales, como ser: los cuarteles, las cárceles, los hospitales, el manicomio, la escuela y el taller, que se constituyen en tecnologías disciplinarias y de sometimiento del cuerpo y la mente del ser humano.

Las sociedades disciplinarias tienen la finalidad de clasificar, vigilar, controlar y sancionar a los hombres que no tienen poder; regular su conducta, someterlos, comprobar su presencia y su ausencia; conocer sus tendencias necesidades e intereses; y crear registros en los cuarteles, manicomios, hospitales y escuelas.

Las sociedades disciplinarias, siempre o casi siempre, se han impuesto para responder a las exigencias de la coyuntura, que no son otra cosa que las relaciones de poder.

IMPERATIVOS DE LAS SOCIEDADES DISCIPLINARIAS

Estos son:

Obtener cuerpos vigorosos, **imperativo de salud**

Obtener militares competentes, **imperativo de calidad**

Formar militares obedientes, **imperativo político**

Prevenir el libertinaje y la homosexualidad, **imperativo moral**

EL EXAMEN

El examen combina las técnicas de vigilar y sancionar. Es una mirada normalizadora y unificadora, una vigilancia que permite calificar, clasificar y castigar, estableciendo de manera visible las diferencias entre los individuos.

En todos los dispositivos de disciplina, el examen se halla altamente ritualizado. En él vienen a unirse la ceremonia del poder, la forma de la experiencia, el despliegue de la fuerza y el establecimiento de la verdad. La superposición de las relaciones de poder y de las relaciones de saber, adquieren en el examen una notoriedad que se puede visibilizar.

Por medio del examen, el poder impone su verdad. El poder es la razón que ve, controla, domina e instrumenta a los hombres.

LA TECNOLOGÍA Y LA INTERPRETACIÓN DEL PODER

El poder usa la tecnología para imponer su verdad; entonces la verdad no existe sin la interpretación del poder. De eso se puede entender que el poder es la capacidad de un determinado grupo de poder para imponer su verdad, como verdad para todos y lo hace teniendo la mayor cantidad de medios para comunicar. La meta del poder es sujetar la subjetividad de los sujetos, es decir, imponerles su verdad, para conquistarlos.

En la sociedad moderna el poder logra imponer su verdad, porque los medios de comunicación están en manos de **un poder moderno, colonizador e imperialista**, que tiene la intencionalidad de que los sujetos consuman una verdad interpretada por el poder. Esta verdad se repite, reproduce y se recrea cuantas veces sea necesario, hasta que los sujetos lo crean y sean conquistados.

EL PANÓPTICO

El panóptico es una torre que se encuentra en el centro de una cárcel; desde este sitio se puede ver todo el alrededor y no ser visto. El control del panóptico reside en la observación, de ahí el sujeto se convierte en un objeto que debe ser vigilado y controlado. El sujeto es visto pero no puede ver quien lo vigila.

Para Foucault: **"El Panóptico es un mecanismo ideal para ejercer el poder"**; su funcionamiento, abstraído de todo obstáculo, resistencia o roce, puede muy bien ser representado como un puro sistema arquitectónico y óptico; es de hecho una figura de tecnología política que se puede y que se debe desprender de todo uso específico. Es polivalente en sus aplicaciones; sirve no solo para corregir la conducta de los presos, sino también para curar a los enfermos, para instruir a los escolares, guardar a los locos, vigilar a los obreros, hacer trabajar a los mendigos y a los ociosos. Distribuye a los individuos unos en relación con otros, organizándolos jerárquicamente, para que estén a disposición de los centros y de los canales de poder, como los hospitales, los talleres, las escuelas, los cuarteles y las prisiones[11].

Siempre que se trate de una multiplicidad de individuos a los que haya que imponer una tarea o una conducta, el

---

[11] FOUCAULT, Michel. (2002). Vigilar y casticar. Argentina. Pág. 105.

panóptico podrá ser utilizado en todos los establecimientos para mantener bajo vigilancia a cierto número de personas.

Foucault describe a la sociedad del siglo XX, como una gran prisión o como un sistema de prisiones en el que todos los sujetos comparten la violación de su libertad impuesta por los demás en sentido amplio y general; pero también, aplastada por uno mismo en sentido estricto y particular, debido a que se han tejido alrededor del sujeto una infinidad de formas de control de su conciencia y de su cuerpo, al grado que él mismo se convierte en vigilante de sus propias acciones.

EL HOMBRE DOMINADO POR LA RAZÓN

Foucault cuestiona la razón y pretende demostrar que la razón ha sido instaurada para dominar a los hombres. Para ello hace un análisis de la locura, porque ésta, es la antítesis de la razón.

La razón debe apartar a la locura, apartar de sí lo diferente, es fundamental para la razón, para su propia afirmación, porque la locura es el mayor cuestionamiento a la razón y a pesar de ello, la razón genera locura.

El loco, entendido no como enfermo; sino como desviación constituida y sustentada, como función cultural indispensable, se ha convertido en la cultura occidental, en el hombre de las semejanzas salvajes, es el que se ha enajenado dentro la percepción cultural, solo es diferente en la medida en que no conoce la diferencia entre la verdad y la falsedad.

EL HOMBRE Y LA RESISTENCIA AL PODER

En las relaciones humanas, sea cual fuere, el poder está siempre presente y más aún cuando uno intenta dirigir la conducta del otro, son relaciones móviles, es decir, pueden modificarse; por lo mismo, las relaciones de poder son por lo tanto móviles, reversibles e inestables. Es preciso subrayar que no pueden existir relaciones de poder más que en la medida en que los sujetos sean libres. Es necesario pues, para que se ejerza una relación de poder, que exista al menos un cierto tipo de libertad de las dos partes. Si existen relaciones de poder, es porque existen posibilidades de libertad en todas partes.

Foucault, en definitiva no ve que el poder sea algo malo; alejándose de la definición de Sartre que decía: "El poder es el mal". Al contrario Foucault señala que: "El poder no es el mal; sino son juegos estratégicos, que se pueden dar en una relación amorosa, institución pedagógica, empresa, cuartel, entre otros, donde las cosas podrían invertirse". De ahí se patentiza su fórmula: **"Donde hay imposición del poder hay resistencia al poder"**.

LA ESCUELA COMO MEDIO DE IMPOSICIÓN DE VERDADES

Para Foucault la escuela, al igual que las fábricas, hospitales y cárceles, es un instrumento de dominación de los que tienen poder, sobre los que no tienen poder, ya que tiene la finalidad de regular la conducta de las personas, para hacerlos más dóciles y útiles.

El poder a través de la escuela controla el saber y los valores sociales. Quienes no aceptan lo que es tenido como cierto y verdadero, son castigados, reprobados y expulsados, pues no consolidan el orden social que se pretende imponer.

En la escuela, el maestro y el estudiante están controlados, vigilados y sancionados, hay miedo, ya que deben cumplir con un programa o verdad interpretada, impuesta por otra institución de poder (Ministerio de Educación).

LOS DIOSES DEL PODER

El hombre al ser un animal político siempre ha querido tener poder, para someter a los demás y para ser reconocido como ser superior, pero en la mayoría de los casos utiliza este poder para su beneficio propio y personal, haciendo uso y abuso del poder obtenido.

El poder lo corroe y se convierte en el **lobo de Hobbes**, tan sanguinario y violento que olvida su moral, sus creencias, sus conceptos y sus valores; pasando de ser un hombre deshumanizado a ser **un semidiós** igualmente deshumanizado.

Cuando pasa esto, **juega a ser Dios de los otros hombres, de la naturaleza y del planeta**.

CAPÍTULO VIII

EL HOMBRE TEMPORAL

(MARTÍN HEIDEGGER)

Nació en Messkirch, Alemania (1896-1976). Su principal obra es: "Ser y Tiempo".

ANTECEDENTE PREVIO

Heidegger fue discípulo de Husserl, quien influyó en él, con su teoría fenomenológica, que es la descripción de los fenómenos, la cual simplemente se reduce a descubrir la esencia de las cosas, siendo en ese sentido la esencia del hombre, su existencia.

EXISTENCIALISMO

Su pensamiento filosófico se denomina Existencialismo, porque se funda en la existencia del ser humano.

Según Heidegger el hombre es un ser arrojado en el mundo, a este hecho lo denomina Dasein" o "Ser ahí". Esta situación hace que se angustie, preocupándose y cuidándose de los demás (los otros yo), porque no está solo y de las cosas alienantes que le rodean, para no caer en una existencia inauténtica y por consiguiente en la nada. Solo el conocimiento de la muerte lo hace consciente de su existencia.

LA MUERTE Y LA TEMPORALIDAD

El hombre es un ser temporal, ya que tiene un principio y un fin, la existencia del ser humano se comprende y se siente como un estar para la muerte. Ante la posibilidad de la muerte el hombre encuentra su ser auténtico.

El hombre hace filosofía porque es un ser finito, porque muere. Cada uno de los instantes de la vida del ser humano es único, cada momento es precioso, porque nuestra vida es un camino hacia la muerte. No sabemos cuándo y cómo vamos a morir, pero al final el destino de los hombres es el mismo, morir.

LANADA

La comprensión de la muerte va acompañada de la angustia, la angustia coloca al hombre ante la nada y el estar frente a la nada implica hundirse en ella o salvarse de ella. El hombre solo cuando se encuentra frente a la muerte recién le da un sentido y dirección a su vida, salvándose de la nada, salvándose de la existencia inauténtica, que es lo mismo que estar muerto en vida.

EXISTENCIA AUTÉNTICA E INAUTÉNTICA

Existe una diferencia entre la existencia inauténtica y la existencia auténtica.

La **existencia inauténtica** implica caer en la nada y ser un objeto, llegando a la despersonalización, al anonimato, la charlatanería, la curiosidad, la simulación y la equivocación; en cambio la **existencia auténtica** es original, implica un poder ser en el mundo, para trascender más allá de la muerte.

La **existencia inauténtica** es aquella incapaz de reflexionar sobre la finitud de la existencia del hombre; en cambio la existencia **auténtica** reflexiona sobre la finitud y temporalidad del ser humano[12].

EL HOMBRE TEMPORAL

El hombre es un ser temporal porque tiene un principio que es su nacimiento y un final que es su muerte, **es un ser para la muerte**. Entiende que su vida es un camino hacia la muerte y eso lo angustia. La angustia hace que se cuide de los otros y de las cosas alienantes que le rodean para no vivir una existencia inauténtica y caer en la nada, ese vacío existencial que lo hace sufrir, pero que a la vez, le puede dar sentido y un norte a su vida, porque le ayuda a encontrar su Yo auténtico y la posibilidad de trascender su existencia más allá de los límites de la muerte.

El hombre para trascender más allá de la muerte, debe dejar huellas positivas en su comunidad, sociedad y mundo; debe hacer historia, realizar sus sueños y anhelos, consiguiendo lo que otros jamás soñaron ni imaginaron; dejar empresas bien constituidas que mejoren la vida de los otros seres humanos y dejar como legado a su sociedad, a su país y porque no decirlo al mundo, sus hijos, a través de los cuales los padres pueden o no trascender su existencia.

LA TECNOLOGÍA COMO MEDIO TRANSICIÓN HACIA LA NADA

Según la psicóloga clínica y profesora del Instituto de Tecnología de Massachusetts, Sherry Turkle: "La tecnología nos está dando la ilusión de compañía, sin las exigencias de una verdadera amistad, y esa, es una oferta tentadora que

---

[12] MARIAS, Julián. (1980). Historia de la filosofía. España. Pág. 419.

muchos no pueden rechazar". Con el crecimiento tecnológico tanto en hardware y software, los celulares, tablets, televisores y más dispositivos inteligentes "smart", que tienen acceso a internet, se puede acceder a toda la información que existe en el mundo, lo que significa que también existen empresas, compañías que tienen toda tu información personal a disposición (fotografías, mensajes, llamadas, números telefónicos, videos, ubicación actual, etc.). También hay el peligro de los Hackers, que pueden acceder a tu información desde cualquier parte del mundo gracias al internet.

Esta adicción a la tecnología de los celulares, genera síndromes como el de **FOMO**, que es un trastorno que implica una obsesión enfermiza por las redes sociales, el internauta no puede pasar ni un minuto sin estar conectado al internet, actualizándose sobre las publicaciones de sus contactos, subiendo selfies y comentando actividades de sus amigos, etc.; de esta manera su estado de ánimo dependerá de lo que digan las redes sociales. Está obsesión por los celulares también puede provocar un aislamiento voluntario con su entorno social, estando más atentos a su dispositivo inteligente que a sus amigos, familiares, compañeros de trabajo y de estudio, ya no se enfocan al mundo exterior sino al mundo virtual.

Todo esto hace, que la existencia del ser humano sea inauténtica y éste a punto de perderse en la Nada.

CAPÍTULO IX

EL HOMBRE TEMPORAL

(JOSÉ ORTEGA Y GASSET)

Nació en Madrid, España (1883-1955). Sus principales obras son: "Adán en el paraíso", "¿Qué es filosofía?", "El hombre y la gente", "El espectador", "Meditaciones del Quijote", "La deshumanización del arte" y "La rebelión de las masas". Ortega y Gasset pertenece a la corriente filosófica del Vitalismo.

ANTECEDENTE PREVIO

El antecedente previo a José Ortega y Gasset, lo podemos encontrar en el pensamiento del filósofo alemán Nicolai Hartmann, quien señala que la realidad tiene cuatro estratos: el inorgánico, el orgánico, el psíquico (conciencia) y el espíritu. Estos estratos no permanecen aislados unos de otros, sino que se apoyan mutuamente, ya que el estrato superior se apoya en el estrato inferior.

En el estrato inorgánico se encuentran los objetos, en el orgánico las plantas, en el psíquico los animales y en el espiritual el hombre. Siendo que **el hombre está compuesto por estos cuatro estratos de la realidad, es un SER REAL**.

ESTRUCTURA DEL HOMBRE

Ortega y Gasset apoyándose en el pensamiento de Hartmann, señala: **"El hombre está compuesto de cuerpo, alma y espíritu"**, pero no es materia, alma, ni espíritu, **es vida**.

El **cuerpo** es el **asiento y fuente de vida** del ser humano, capaz de irradiar energía vital al alma y al espíritu. Si nuestro cuerpo está sano, nuestras posibilidades de éxito son mayores, ya que podemos desarrollar nuestras capacidades físicas, emocionales y mentales, con mayor facilidad.

El **alma** es el centro donde están asentados los **fenómenos emotivos**, como: la alegría, la tristeza, el odio, el amor, la compasión, el dolor, la satisfacción, etc. El alma representa entonces, la vida psíquica, la conciencia de los seres humanos.

El **espíritu** es el centro donde están asentados los **procesos superiores**, como: los pensamientos, los conceptos, los razonamientos, los juicios, los silogismos, las inferencias, el entendimiento y la voluntad. El espíritu diferencia a los hombres de los demás seres de la naturaleza, porque lo hace racional y esa su racionalidad lo convierte en creador.

Esta estructura representa **la vida** del ser humano, ya que es un todo armonioso.

LA VIDA

La vida es una realidad cambiante y temporal, es anterior al hombre. Es un escenario, es una tragedia y es un drama, algo que no está definido, sino que se está realizando, es algo que el hombre tiene que construir.

La vida del hombre no está determinada, ya que el ser humano es una perspectiva, es un ser en proyección. La vida es lo que hacemos y lo que nos pasa a diario, en nuestro mundo circundante, en nuestra realidad particular. Vivir es estar en el mundo, actuar en él, para construir nuestra vida y la de los demás, en el sentido histórico.

Cada vida es un mundo diferente, tiene sus propios criterios, principios y puntos de vista, sobre el mundo, el cosmos y la vida misma.

RAZÓN VITAL

Una de las funciones vitales de la vida es la razón, que es parte de la vida misma, ambas se complementan; pero la razón nunca podrá sustituir a la vida.

La vida misma es nuestra razón vital, porque vivir es no tener más remedio que razonar ante la inexorable circunstancia, ante nuestro mundo circundante, que puede ser favorable o desfavorable, para el vivir más y mejor.

De ahí se deduce que la razón vital, es aquella que se da, viviendo la vida misma y velando por el bien mayor que es la vida.

RAZÓN HISTÓRICA

El hombre no tiene naturaleza, su vida es un puro acontecimiento y un drama. Es hijo de su época y de un determinado contexto histórico o mundo circundante.

Su vida, sus experiencias y sus vivencias, lo determinan como un ser histórico (que hace historia) o como un muerto más, que sigue caminando y respirando por la vida. El hombre siempre debe tratar de hacer historia, realizar actos trascendentales, para que su existencia trascienda más allá de la muerte. Por todo esto, el hombre no tiene naturaleza, sino historia, solo el hacer historia lo puede salvar de la intrascendencia del montón.

SER LIBRE

La vida del hombre no es algo hecha, sino que cada cual tiene que construir su vida, es por eso que el ser humano está obligado a elegir entre las posibilidades de ser que se le presentan, de ahí que es libre de elegir.

Ser libre implica no estar adscrito a un ser determinado y poder ser otro mejorado, del que se era. Por esto el hombre está obligado a desarrollarse y crecer como persona, a vivir con responsabilidad, trabajo, disciplina y espíritu de superación. Si esto no sucede, no es libre.

La vida humana es cambiante y plástica. La vida es actividad pura en el marco de la libertad, esto significa elección y toma de decisiones, ante las circunstancias y modos de ser de los otros. El hombre es libre de elegir lo que quiere ser, porque la vida es un hacerse de manera permanente[13].

EL PASADO

Ante nosotros no solo se hallan las posibilidades de ser, sino también lo que hemos sido. El pasado individual o colectivo forma parte de nuestro ser y solo progresa el que ha aprendido del pasado, para aplicarlo en el presente y tener de esta manera mayores posibilidades de éxito.

---

[13] CARRANZA, Luis. (1995). Antropología filosófica. Bolivia. Pág. 125.

El ser humano como ser finito e imperfecto, siempre se equivoca, pero esos errores pasan y forman parte del pasado, es por eso, importante aprender de nuestros errores y corregirlos en el presente.

LA REALIDAD RADICAL

Todos los seres humanos vivimos una determinada realidad particular, que es nuestra circunstancia, "Yo soy yo y mi circunstancia". La circunstancia es el mundo material, mi cuerpo, mi temperamento, mis costumbres, mis creencias y los otros como Yo.

Esta mi circunstancia determina en la mayoría de los casos, mi forma de ser, me condiciona para que yo sea algo que incluso no quiero ser, pero esta mi circunstancia jamás decidirá por completo mi presente y mi futuro, ya que el arquitecto de mi vida soy yo.

Mi circunstancia es mi **realidad radical, mi vida**, porque mi vida es única.

EXISTENCIA TEMPORAL

El hombre es un ser temporal porque su existencia tiene un principio que es su nacimiento y un final que es su muerte. La existencia del hombre es finita pero es libre de decidir a partir de su circunstancia, lo que quiere ser y hacer. A partir de ello su existencia tiene la posibilidad de trascender más allá de la muerte, siempre y cuando pase de ser un ser individual a ser un ser histórico.

LA FINITUD DE LOS HOMBRES-DIOSES

Los **hombres-dioses** actúan como si fueran inmortales, como si su existencia fuese infinita. Es por eso que viven sin responsabilidad alguna con los otros hombres, con la naturaleza y con el planeta; viven sin libertad porque no crecen como personas, sino como dioses; pero más tarde se dan cuenta ya en el lecho de muerte, que siempre fueron mortales, sienten que ya estuvieron muertos, pese a que respiraban y caminaban; tenían signos vitales y latidos en su corazón.

REALIDAD RADICAL DEL DESARROLLO DE ARMAS METEOROLÓGICAS

Nikolás Tesla en el afán de controlar el clima, dio las bases para saber que las **ondas E.L.F** (Extremely Low Frequency) podrían dirigirse hacia la parte alta de la atmósfera y lograr tener **poder sobre el clima** al calentar la ionosfera. Tras la muerte de Tesla en 1943, agentes del FBI incautaron todos sus proyectos, que son la base TOP SECRET del **proyecto HAARP** (High Frequency Active Auroral Research Program), que se encuentra en Gakoma, Alaska, con el que se cree que los EE.UU provocaron terremotos en Venezuela, Haití y Honduras.

El HAARP conocido también por muchos como: **"El Arpa del Diablo"**, está constituido por un conjunto de antenas (180) que transmiten a muy alta frecuencia ondas de radio controladas, las cuales pueden viajar en el espacio y así utilizarse como un arma muy poderosa para provocar terremotos, huracanes, tormentas, tsunamis, sequías, inutilizar radares de sistemas de detección temprana de misiles balísticos, incomunicar a submarinos, quemar componentes electrónicos y destruir satélites espaciales. Su principal componente es un **calentador ionosférico**, que es un sistema transmisor de alta frecuencia (HF) utilizado para modificar temporalmente la ionosfera y magnetosfera de la Tierra, que genera cambios en el clima.

El **SURA es un arma geofísica rusa** ubicada en el pequeño pueblo de Vasilsursk, Rusia, es el equivalente al **HAARP estadounidense**, ya que también podría ocasionar movimientos sísmicos en zonas no sísmicas. Se la acusó de estar detrás de la **"furia" del huracán Katrina** que devastó Nueva Orleans.

CAPÍTULO X

EL HOMBRE Y LA LIBERTAD

(JEAN PAUL SARTRE)

Nació en París, Francia (1905-1980). Sus principales obras son: "El ser y la nada", "La náusea", "El muro" y "Las manos sucias".

EXISTENCIA Y LIBERTAD

Sartre pertenece a la corriente filosófica del existencialismo, considera que la existencia es un hecho primario de nuestro ser, siendo la libertad y la toma de decisiones, el principal factor de desarrollo y existencia auténtica de los hombres. El hombre se construye a sí mismo: ése es su poder y su límite. Todo lo que hace lo define, cada mínima elección, cada hecho, sea pequeño o grandioso.

EL HOMBRE Y EL MUNDO

El mundo según Sartre es un infierno, donde estamos condenados a vivir, ya que no podemos salir de él, lo único que hacemos es conseguir pequeñas parcelas de paraíso, paréntesis de felicidad y momentos perfectos.

EL HOMBRE Y SU CIRCUNSTANCIA

El hombre no vive solo ni aislado de los demás, vive en compañía de los otros y de las cosas alienantes que le rodean, los cuales representan su circunstancia.

Construimos nuestra circunstancia y nuestra realidad particular, a partir de las decisiones que tomamos, siendo el hombre un proyecto de vida de nunca acabar, porque el hombre nunca termina de aprender.

EL HOMBRE Y LA LIBERTAD

El hombre es libre y activo en el mundo. El hombre no tiene esencia, solo existencia y libertad. Estamos condenados a ser libres, somos lo que hacemos y somos nuestra elección. La libertad trae consigo una enorme responsabilidad en la toma de decisiones, donde se muestra quiénes somos y cuánto valemos[14].

LOS OTROS

Los otros según Sartre, son el infierno del propio hombre, porque lo obligan a competir, lo obligan a prepararse y desarrollarse de mejor manera para subsistir en este infierno llamado mundo circundante, su vida es una eterna competencia por ser cada día más fuerte que los demás, porque sabe que siempre surgirá uno más fuerte que él, siendo este hecho tan impactante, que muchas veces siente ser solo un objeto, frente a los demás.

Solo en la sociedad se desarrolla el hombre, por la aceptación o rechazo de sus actos por los demás; y por la correcta o incorrecta toma de decisiones que hace todos los días, gracias a su libertad.

EL ODIO

---

[14] SARTRE, Jean Paul. (1959). El muro. España. Pág. 77.

El hombre odia no tanto la extravagancia, inteligencia, cualidades físicas y emocionales de los otros, sino su existencia en general, como trascendencia trascendida. Por eso el odio implica un reconocimiento de la libertad del otro, el odio a su vez es un fracaso. Su proyecto inicial es en efecto, suprimir las otras conciencias, pero aún si lo lograse, los otros siempre existirán en su conciencia.

LA MORAL Y LA COMPETENCIA

Sartre despojó al hombre de todo tipo de valores, normas, obligaciones y lo deja **"en situación"**, para que él en libertad pueda tomar día a día decisiones que definan su vida y su destino. Estas decisiones determinarán su felicidad relativa, porque el hombre nunca termina de perfeccionarse. A medida que el hombre va desarrollándose, encontrará nuevas necesidades y carencias como ser humano, a tal punto de sentirse simplemente un objeto, porque existen otros como él, más fuertes y más desarrollados.

FORMACIÓN INTEGRAL

La vida del ser humano está plagada de problemas, su mundo es un infierno, es por eso que no se puede ser tolerante con él, porque perdería su capacidad de resistencia, valentía, perseverancia y afirmación de sí mismo.

La educación debe buscar una formación integral de los educandos, formarlos no solo en lo académico, sino también en lo vivencial, social y espiritual. Esta formación integral incluye también, la formación del carácter y disciplina de los educandos.

LAS ÉLITES MUNDIALES NO QUIEREN TU LIBERTAD

Los hombres dioses (élites mundiales) no quieren tu libertad, lo que buscan es quitarte tu libertad, restringir tus derechos y controlar tu accionar. Por eso plantean a través de sus órganos de poder como la ONU, **la implantación de CHIPS** para una **"Identificación Biométrica Universal"** en los seres humanos, se ejecutará a gran escala hasta el 2030. Esta iniciativa fue lanzada originalmente por el Banco Mundial que trabaja con la ONU.

Las Naciones Unidas han implementado este proyecto entre los refugiados que llegaron a Europa. El sistema recoge faciales, iris y los datos biométricos de huellas digitales, estableciéndose en la única documentación oficial para los refugiados. Esa información se encuentra en la base de datos central en Ginebra, Suiza.

Si alguien se niega a este nuevo sistema de **"Identificación Legal"**, sin duda descalificaría para ocupar un puesto de trabajo, obtener una nueva cuenta bancaria, solicitar tarjeta de crédito, calificar para una hipoteca, recibir pagos del Estado, etc. Estas personas se convertirán en los despreciados de la sociedad.

CAPÍTULO XI

EL HOMBRE SEXUAL

(SIGMUND FREUD)

Nació en Viena, Austria (1856-1939). Sus principales obras son: "El hombre desnudo" y "El malestar en la cultura".

PSICOANÁLISIS

Freud médico psiquiatra austríaco, es fundador del psicoanálisis, que es un método para curar enfermedades mentales y nerviosas, llevando al consciente, elementos del inconsciente.

NATURALEZA SEXUAL DEL HOMBRE

Según Freud el hombre es por naturaleza un ser sexual, va desarrollando su sexualidad desde el autoerotismo hasta las relaciones heterosexuales. Su conducta está determinada por los impulsos sexuales que se encuentran en el inconsciente.

Freud señala que en el ser humano se dan los complejos de Edipo y Electra, donde el inocente niño siente atracción sexual hacia la madre y la inocente niña siente atracción sexual hacia el padre. También señala que en el cuerpo del ser humano existen zonas erógenas, donde reside el placer anal, genital y bucal.

Por estas afirmaciones Freud es conocido como el **"Satán del siglo XX"**, pese a que él, da el fundamento necesario para respaldar sus afirmaciones, creando tres conceptos fundamentales que son: el Yo, el Ello y el Súper Yo.

YO

Es la parte consciente de las personas, que tiene como función principal reprimir las manifestaciones del Ello, controlando sus tendencias primitivas. Si el **Yo deja salir libremente** al Ello, es decir a todos los elementos nocivos y destructivos que están en el inconsciente, en ese rincón oscuro de nuestra conciencia, el Súper Yo lo **castigará** creándole sentimientos de culpa, remordimientos, tensión, depresión, amargura, pena, tristeza e irritabilidad.

El Yo solo puede dejar salir al Ello, de acuerdo a las normas morales y sociales existentes en la sociedad.

ELLO

Es la parte inconsciente de las personas, es la parte oscura de nuestra conciencia, donde se encuentran depositados elementos nocivos y destructivos, como ser: instintos, experiencias negativas, trastornos, complejos, miedos (fobias), traumas y los **impulsos sexuales**, que a decir de Freud, son los que determinan la conducta de las personas.

El Ello siempre trata de expresarse y salir libremente, pero el Yo no lo deja por órdenes del Súper Yo. Si el Ello, que está conformado por elementos nocivos y destructivos, se expresa libremente, siempre habrá problemas, como ser: violaciones, embarazos no deseados, contagio de I.T.S., homicidios por emoción violenta, asesinatos, descuartizamientos, invalidez y muerte.

El Ello se expresa libremente cuando uno está ebrio, drogado, hipnotizado, dormido y loco, porque en estas situaciones el Yo que es la parte consciente, queda neutralizado.

SÚPER YO

Es una especie de conciencia moral que nos dice lo que está bien y lo que está mal. El Súper Yo se va formando con la educación, el arte, la religión, el deporte y las vivencias, por lo cual todos tienen un Súper Yo diferente.

El hombre debe canalizar sus impulsos sexuales a través del deporte, la música, el arte, la religión, el reír, el jugar, etc., ya que solamente así, tendrá estabilidad emocional, laboral, familiar y social en su vida.

ORIGEN DE LA SOCIEDAD

Freud para explicar el origen de la sociedad, se apoya en la teoría de Charles Darwin sobre el **"Origen de las especies por medio de la selección natural"**, que establece lo siguiente:

La horda primitiva era dirigida por un macho poderoso, que se reserva para sí todas las hembras y obligaba a todos los machos jóvenes a frenar sus deseos sexuales, bajo amenaza de castración o exilio. Un día los hermanos exiliados se reunieron y regresaron de su exilio, mataron al padre y se lo comieron, poniendo fin a la horda paterna. Unidos hicieron lo que parecía imposible, matar y comerse al padre. El violento padre primitivo había sido, sin duda, el modelo envidiado y temido por los hijos y los demás hermanos. Ellos lo habían amado, admirado, temido y odiado. Una vez muerto el padre, transcurrió un periodo de relaciones incestuosas, en el que se aprovechó la libertad que trajo la muerte del padre. Aunque los hermanos habían sumado sus fuerzas para vencer al padre, cada uno era rival del otro por las mujeres. Cada cual quería tenerlas a todas, a semejanza del padre; combatían a muerte unos con otros, hasta hacer peligrar la horda como organización. Por esta razón, no les quedó otro remedio, para vivir juntos, que realizar un **pacto social** e imponer la prohibición contra el incesto. Todos por igual renunciaron a las mujeres deseadas, instituyéndose la exogamia y el totemismo para evitar el incesto hacia la madre y hermanas[15].

En la horda primitiva se encuentra el origen de la sociedad.

LA SOCIEDAD Y LO QUE REPRIME

La sociedad ha maniatado a los hombres para permitir que vivan juntos en ella, porque si se los deja sueltos, se matan entre ellos. Antes de la constitución del Estado, todos vivían en una guerra constante, el hombre era **"El lobo del mismo hombre"**.

La sociedad para poder desarrollarse, debe **"reprimir y sofocar"** los instintos nocivos y destructivos del hombre, más propiamente el instinto sexual. Si los hombres (varones y mujeres) pudiesen decidir en cuanto a la cantidad de esposos(as) que tendrían en su sociedad, ellos manifestarían por su falsa moral y por **el qué dirán los demás, "solo uno(a)", o se abstendrían de opinar al respecto.**

En algunas sociedades, es completamente legal que los hombres puedan tener la cantidad de esposas que quieran,

---

15 CAÑEDO, Juvenal. (1991). Antropología filosófica. Bolivia. Pág. 53-54.

siempre y cuando tengan las posibilidades de mantenerlas económicamente; no es ningún pecado ni es mal visto, porque esas sociedades lo permiten, por razones culturales, sociales, económicas y sexuales; pero en otras sociedades se instauró la monogamia, es decir que uno puede tener solo una esposa, pero eso no quiere decir que esos esposos no deseen otras mujeres. Habría que preguntarse por otro lado, si las mujeres están de acuerdo con tener un solo esposo.

En ese sentido el hombre es un ser **FRUSTRADO** en la sociedad, porque no se lo deja expresarse libremente en lo sexual. La razón esclaviza a los instintos e impulsos del hombre.

EL SÚPER YO Y LA CULTURA

Todos tenemos un Súper Yo diferente. El Súper Yo se va formando en medio de la cultura de una sociedad, es por eso que, para algunos algo es justo y para otros no; para algunos algo es bueno y para otros no; para algunos algo es bello y para otros no y así podríamos añadir un largo etcétera.

La cultura se basa en la represión y canalización de los instintos, traumas, complejos, experiencias negativas, trastornos y los impulsos sexuales que se encuentran en el Ello. Todos estos elementos nocivos y destructivos del Ello, pueden ser canalizados a través de la cultura y actividades recreativas y de esparcimiento, como: el hacer deporte, escribir libros, escuchar música, el jugar, el reír, el trabajar, el cantar, etc.

La excesiva represión de los elementos nocivos y destructivos del Ello, genera en los hombres la neurosis, un sufrimiento interior, producto de la pelea entre el Ello y el

Yo, y que se traduce en una conducta agresiva, belicosa, irritable e inadaptada.

LOS DIOSES DE LA LUJURIA

El hombre en lo sexual es un ser hipócrita y reprimido, porque utiliza ropa y reprime todos sus instintos e impulsos sexuales. Para ser feliz requiere vivir en una especie de paraíso tropical, con manjares y comodidades, andar desnudo y tener relaciones sexuales con un sinnúmero de parejas sexuales; pero eso sí, sin responsabilidades, ni cuidando sus hijos.

Desea vivir como un semidiós, con más placeres que dolores, con lujuria y pasiones desenfrenadas, porque es un **depredador sexual** por naturaleza; pero no lo puede hacer porque la sociedad a partir de sus normas morales y sociales se lo prohíbe. Por eso en la mayoría de las sociedades se conforma simplemente con tener una esposa o esposo; pero eso no quiere decir **que no desee**, incluso lo que es de otro(a).

CAÍTULO XII

EL HOMBRE Y LA FILOSOFÍA DE LA PAZ

(MAHATMA GANDHI)

Nació en Porbandar-Indias Británicas (1869-1948), Su verdadero nombre es Mohandas Karamchand Gandhi, abogado, pensador, político, líder religioso y héroe nacional de la India. Es la figura central del movimiento de independencia indio y promotor de la **no violencia** como medio de lucha en la India. Fue postulado en 1937, 1938, 1939, 1947 y 1948 para recibir el Premio Nobel de la paz, pero por razones inexplicables nunca recibió este premio.

EL HOMBRE Y LA FILOSOFÍA

La filosofía es un arma poderosa para construir o destruir el mundo en el que vivimos, que es nuestro hogar. La filosofía siempre debe buscar construir no destruir, porque todo conocimiento debe servir para hacer el bien, sin mirar a quién.

Es así que algunos hombres han optado por hacer una filosofía de la paz, con la única finalidad de mejorar el mundo.

Tal es el caso de Mahatma Gandhi, que es un ejemplo claro de la teoría y práctica de una filosofía de la paz.

LA PAZ COMO INSTRUMENTO DE LUCHA

El pensamiento filosófico de Gandhi se denomina Pacifismo, que señala que la paz es un instrumento viable para alcanzar objetivos políticos ambiciosos y la independencia de cualquier Estado, sin necesidad de derramar sangre ni odio.

Gandhi predicó la concordia y la no violencia entre las naciones en un siglo convulsionado por dos guerras mundiales.

POLÍTICA

Entre los grandes teóricos que modificaron la configuración política e ideológica del mundo en el siglo XX, figura Mahatma Gandhi, hombre de austeridad inflexible y absoluta modestia.

En un país donde la política era sinónimo de corrupción, Gandhi enseñó a los políticos de su tiempo la ética política, a través de la prédica y el ejemplo. Vivió en una pobreza sin paliativos, jamás concedió prebendas a sus familiares y rechazó siempre el poder político, antes y después de la liberación de la India. Este rechazo convirtió al líder de la **no violencia** en un caso único entre los revolucionarios de todos los tiempos.

LA NO VIOLENCIA

Gandhi pregona que todos los hombres son iguales y que todos los hombres deben luchar por la justicia, incluso llegando a la desobediencia civil si fuese necesario, en casos de tiranía, explotación y opresión, porque en estas sociedades el hombre no puede perfeccionarse. Cualquier resistencia nunca debe ser violenta ni mucho menos armada.

Promovió la **"Marcha de la Sal"**, una manifestación pacífica a través del país, como protesta contra los impuestos a los que estaba sujeto este producto[16].

Este tipo de manifestación sin violencia, en contra del **imperialismo británico,** fue la inspiración de otros revolucionarios de la época, como el dirigente negro estadounidense Martín Luther King.

EL TRATO A LOS ANIMALES

Gandhi era un reconocido vegetariano, por lo cual señalaba: "Siento que el progreso espiritual nos demanda que dejemos de matar y comer a los animales que son criaturas de Dios, solo para satisfacer nuestros pervertidos y sensuales apetitos. La supremacía del hombre sobre el animal debería demostrarse no solo avergonzándonos de la bárbara costumbre de matarlos y devorarlos; sino cuidándolos, protegiéndolos y amándolos. No comer carne constituye sin la menor duda una gran ayuda para la evolución y paz de nuestro espíritu. Un país, una civilización se puede juzgar por la forma en que trata a sus animales".

Arthur Schopenhauer en relación al pensamiento de Gandhi, señala: **"El hombre no le debe compasión a los animales, sino justicia"**, **"El hombre ha hecho de la Tierra un infierno para los animales"**.

TOLERANCIA ENTRE LOS HOMBRES

La paz que predicaba Gandhi, tenía como fundamento esencial la **tolerancia,** señalando: "Puesto que yo soy

---

[16] CATALUCCIO, Francesco. (1970). Revolución india. Colombia. Pág. 232.

imperfecto, y necesito la tolerancia y la bondad de los demás, también he de tolerar los defectos del mundo hasta que pueda encontrar el secreto que me permita hacerlo perfectos". El poner remedio a la imperfección de los hombres es imposible, por esa misma razón siempre se debe ser tolerante con los demás en una cultura de paz, porque poner en práctica el "ojo por ojo", haría que todo el mundo termine ciego.

LOS DIOSES DE LA VIOLENCIA

Los hombres aman la violencia y odian la paz, se preocupan más por destruir y no por construir; es por eso que se arman para combatir al prójimo, matándolo en cualquier parte del mundo.

El hombre moderno se alza como un **semidiós,** no ama la paz y más al contrario es un ser belicoso, destructivo y violento, que trata de satisfacer sus necesidades e intereses, utilizando la fuerza y las armas.

Esta conducta atenta contra la vida de los otros seres humanos, la naturaleza y el planeta.

CAPÍTULO XIII

EL HOMBRE Y LA FILOSOFÍA DEL AMOR

(MADRE TERESA DE CALCUTA)

Nació en Albania, siendo nacionalizada posteriormente en la India (1910-1997). Su verdadero nombre es Agnes Gonxha Bojaxhiu. Nacida en el seno de una familia católica albanesa, despertando su vocación religiosa a los doce años, por lo cual ingresó en la Congregación Mariana de las Hijas de María, donde inició su actividad de asistencia a los más necesitados y posteriormente en 1950, fundó su propia Congregación denominada **"Misioneras de la caridad"**.

Recibió el premio Nobel de la paz en 1979 y fue beatificada por el Papa Juan Pablo II el 19 de octubre del 2003.

EL SER HUMANO Y EL PROBLEMA DEL AMOR

La madre Teresa de Calcuta pregonó siempre, que los hombres pueden transformar el mundo a través del amor, siendo el amor el elemento más poderoso del universo; al igual que Empédocles, filósofo griego, que señala que los elementos que dan origen a la naturaleza, al mundo, al cosmos e incluso al hombre, son: la tierra, el agua, el aire, el fuego y **el amor**; siendo este último, el elemento que da unidad y cohesión a los otros elementos.

La mayor enfermedad hoy en día no es la lepra ni la tuberculosis; sino más bien, el sentirse no querido, no cuidado y abandonado por todos. El mayor mal es la falta de amor y caridad, la terrible indiferencia hacia nuestro vecino que vive al lado de la calle, asaltado por la tristeza, explotación, corrupción, pobreza y enfermedad.

No basta con que digamos: **"Yo amo a Dios pero no amo a mi prójimo"**. Es muy importante para nosotros darnos cuenta que el amor para que sea auténtico tiene que doler[17].

La humanidad siempre tuvo vergüenza de amar; pero no tuvo la misma vergüenza para odiar. El problema del amor es un problema que aqueja a este mundo extraviado en el odio, el egoísmo y el individualismo.

El ser humano se hace, vive, lucha y perece en el amor, porque las relaciones humanas deben ser una integración de sentimiento y razón en que lo real y lo ideal concilian plenamente, el amor da sentido personal a la vida social de cada ser.

El ser humano se avergüenza del amor como efecto de una hipocresía social y de un falso pudor, que inventaron algunas concepciones filosóficas enfermizas sobre la virtud y el pecado.

EL AMOR EN LA FAMILIA

La paz y la guerra empiezan en el hogar, ese lugar que debería ser un centro de amor, cariño y comprensión, se transforma en un lugar donde hay intolerancia, excesiva presión, violencia, maltrato, falta de cariño y comunicación. Si de verdad queremos que haya paz en el mundo, empecemos por amarnos en el seno mismo de nuestra

---

[17] MADRE TERESA. (2004). Amar hasta que duela. México. Pág. 73.

propia familia. Si de verdad queremos sembrar amor a nuestro alrededor, precisamos que toda familia viva feliz.

El amor en la familia no debe ser interesado y sujeto a cálculo, porque estaríamos convirtiendo ese amor en un objeto, en una mercancía, que dé poder a la pareja que da dinero. No podemos hablar de matrimonios posesivos, porque de lo contario, estaríamos hablando simplemente de una prostitución legalizada.

El amor verdadero en la pareja implica donarse al otro, vivir para el otro, renunciar al yo y negarse a sí mismo, más allá de un simple sentimiento altruista, para llegar a la proyección trascendente de un verdadero amor.

LA LÓGICA DEL AMOR

Cuanto menos poseemos, más podemos dar. Parece imposible, pero no lo es, Esa es la lógica del amor.

Una vez se le cuestionó a la madre Teresa de Calcuta y se le dijo: "Para eliminar la pobreza, no sería bueno enseñarle a pescar al pobre antes que darle pescado", a lo que ella respondió: "Las personas que yo ayudo no se valen por sí mismas, no se pueden parar, ni siquiera agarrarse y por lo mismo no pueden sostener la caña de pescar. Yo les daré el alimento y después se los enviaré a usted para que usted les enseñe a pescar".

LA ACTUAL CRISIS DEL AMOR

La sociedad mercantil envileció el amor, ya que convirtió el amor en una mercancía. La relación economía-amor, producción-reproducción, muestra las causas del deterioro de la familia y los matrimonios, que son el pilar fundamental de cualquier sociedad.

En un mundo excluyente, posesivo y egoísta, todo resulta hostil al amor. Quienes creen amar solo se aman a sí mismos a través de otro ser-objeto, y cuando la unión del varón y de la mujer no es posesiva en un sentido económico, lo es fisiológicamente en la búsqueda de un simple placer sexual.

La quiebra de la vida familiar es causada por esa crisis del amor, por esa incapacidad de amar de la sociedad actual.

LA CANTIDAD DE AMOR QUE DIMOS

En el momento de la muerte, no se nos juzgará por la cantidad de trabajo que hayamos hecho, sino por el amor que pusimos en nuestro trabajo y el amor que dimos a los que más lo necesitaban. Este amor debe resultar del sacrificio de uno mismo y ha de sentirse hasta que haga daño.

UNA SONRISA

Una sonrisa en los labios alegra nuestro corazón, conserva nuestro buen humor, guarda nuestra alma en paz, vigoriza la salud, embellece nuestro rostro e inspira buenas obras. Sonriamos a los rostros tristes, tímidos y enfermos, de los necesitados, de los que sufren y de los abandonados. Así también sonriamos a los conocidos, amigos y familiares.

Sonriamos a Dios por todo lo que nos envía y da, así tendremos el mérito de poseer la mirada radiante de su rostro con su amor, por toda la eternidad.

Las palabras de Cristo son muy claras, pero debemos entenderlas como una realidad viviente, tal como las propuso. Cuando él habla de hambre, no habla solamente del hambre de pan, sino hambre de amor, hambre de ser comprendido y hambre de ser querido.

LOS HOMBRES-DIOSES QUE NO AMAN

Los hombres dioses de nuestro mundo no aman, para ellos no existe el amor, ni la felicidad y más al contrario la vida es un valle de lágrimas, donde aprendieron que el odio y el dolor, que son negaciones del amor y la felicidad, gobiernan la vida de todos. Estos hombres dioses niegan la vida que les tocó vivir, la de seres humanos, son pesimistas radicales. Por estas razones, no les importa la vida ni la felicidad de los demás, y muy poco les interesa la naturaleza y el mundo.

Los **hombres dioses** no comprenden que el amor es la fuerza que construye al ser humano, al mundo y al universo, sin el amor el ser humano no tiene futuro, ni los hijos de sus hijos. El odio y el dolor representan solo destrucción, miseria y muerte de todo lo que se ha hecho por amor.

CAPÍTULO XIV

EL SUPERHOMBRE

(FRIEDRICH NIETZSCHE)

Nacido en Rocken, Alemania (1844-1900). Sus principales obras son: "El nacimiento de la tragedia", "Así habló Zaratustra", "Genealogía de la moral", "El Anticristo", "La gaya ciencia", "Más allá del bien y del mal", "El crepúsculo de los dioses" y "Ecce homo".

Fue hijo de un pastor protestante. Pertenece a una corriente vitalista-existencialista.

LA FILOSOFÍA OCCIDENTAL Y LO QUE OCULTA

Según Nietzsche las sendas de la filosofía occidental que van desde Sócrates, Platón, el cristianismo, el cientificismo, el socialismo y el comunismo, son una negación de la expresión vital de la verdad, porque la vida es la realidad suprema. También es una negación de los imperativos morales verdaderos, que son: el deseo, la pasión y la voluntad de poder.

EL VALOR DE LA VIDA

Para Nietzsche la vida es la realidad básica, su pensamiento filosófico parte del concepto de la vida, haciendo a un lado el fundamento de Dios. El hombre nace con energía vital, con vida, sin haber hecho nada para conseguirla, pero una vez que la posee, él se constituye en exclusivo dueño de su vida y el único responsable.

La vida es un devenir, está en constante cambio. El hombre debe considerar a la vida como el valor supremo, se vive para y por la vida.

Para Nietzsche la vida tiene dos características fundamentales: la conservación y el aumento.

El hombre no solo trata de **conservar** su vida, sino también busca **aumentar**, conquistar y expandirse, busca otros espacios vitales. Si solo se conserva, morirá.

El conservarse y el aumentar son dos características de la voluntad de poder.

EL SUPERHOMBRE

Según Nietzsche existe una vida ideal que vale la pena ser vivida. Esta vida ideal es la vivida por los grandes ejemplares humanos. El superhombre representa a estos grandes ejemplares humanos.

La filosofía vitalista de Nietzsche a partir de la vida ideal que propone, tiene tres etapas: el ideal estético, el ideal científico y el superhombre.

El ideal estético es el tipo de vida que se encarna en el hombre de las grandes pasiones y ambiciones, que busca honor, gloria y fortuna.

El ideal científico es el tipo de vida propia del sabio, sublime pensador con visión objetiva de la realidad total, totalmente libre de prejuicios y que a pesar de conocer el lado negativo de la vida, desea vivir.

El superhombre es el ideal humano, que tiene la voluntad de dominio sobre sí mismo y sobre los demás. El superhombre no tolera que se le imponga desde fuera, valores, fines y obligaciones. El es el creador de sus reglas, de sus valores y de sus obligaciones; está más allá del bien y del mal; para él, Dios está de sobra, "Dios ha muerto".

El Superhombre es una nueva opción de vida, es el hombre mejorado, representante de un mundo que llegó a superarse y que no tiene la fragilidad de los hombres promedio, no necesita de su madre ni de su padre, de creencias, de abrigos, de techos, de dioses, de templos y de seguridades. **"El hombre común es una cuerda entre el animal y el superhombre"**, por debajo de la cuerda hay un abismo, por lo tanto el hombre es un puente no una meta[18].

El superhombre invierte los valores de la humildad, obediencia, compasión, paciencia, aceptación del sufrimiento y la sumisión, por todo lo contrario, como ser: voluntad de dominio sobre sí y sobre los demás, autoafirmación, moral propia de los señores, de los fuertes y de los dominadores.

Nietzsche señala: "No me importa que mueran los débiles, hay que ayudarlos a morir".

VOLUNTAD DE PODER

La dinámica de la voluntad de poder del guerrero Nietzscheano, de la bestia rubia, consiste en quererse así mismo, por sobre todas las cosas (conservarse), no detenerse y seguir conquistando, seguir expandiéndose (aumento), ya que si se conforma con lo conquistado, muere. El seguir conquistando está relacionado con el espacio vital, es decir

---

[18] NIETZSCHE. Friedrich (1873). Ecce homo. España. Pág. 93.

con el territorio. El guerrero Nietzscheano para conservarse tiene que aumentarse.

DIOS

Según Nietzsche "Dios ha muerto", el hombre moderno lo ha matado, consumándose el nihilismo que es la negación de toda creencia religiosa y valores. El señalar que Dios ha muerto, representa que todos los valores que tenían que ver con la imagen de Dios también han muerto.

El superhombre deja de lado a Dios y la religión, se aboca más a sus imperativos morales y a sus propios valores.

Nietzsche odia al cristianismo por sus blandos valores de tolerancia, piedad, caridad y compasión. Los valores que pregona son: La guerra en vez de la paz y el odio en vez del amor.

LA VERDAD

La verdad es una conquista de la voluntad de poder, la verdad es una creación del poder. Los que tienen poder (dueños de los medios de comunicación) pueden interpretar la realidad de acuerdo a sus intereses y necesidades, imponiéndonos la verdad ya interpretada por ellos.

SUPERHOMBRE SINÓNIMO DE SEMIDIÓS

Para los superhombres, Dios está por demás, su ego es tan grande que ellos se sienten semidioses, lo pueden todo y lo saben todo. No dependen de nada divino ni terrenal, por eso al considerarse divinos, crean sus propios valores, reglas y obligaciones.

Para el superhombre Dios ha muerto porque no rige su vida. Siente que es un semidiós que está más allá del bien y del mal.

El superhombre busca conservarse (ejercer dominio sobre sí mismo) y expandirse (ejercer dominio sobre los demás), aún a costa el dolor de los demás, de la naturaleza y del mundo, porque el expandirse implica guerras y conflictos armados.

LAS TRES TRANSFORMACIONES DEL HOMBRE

Nietzsche, en su obra: "Así habló Zaratustra", señala que el espíritu del hombre sufre tres transformaciones, primero se convierte en camello, luego el camello se convierte en león y el león en niño. Hay muchas cosas pesadas para el espíritu, muchas de ellas no son tan importantes; pero nos tienen prisioneros, como la sabiduría, las proezas, el amor, la verdad, la salud, la amistad, los miedos, la patria, etc. Esto representa una carga pesada para el espíritu, semejante al camello que corre al desierto con su carga, así muchos hombres corren por la vida, con cargas emocionales innecesarias. Pero en lo más solitario del desierto tiene lugar la segunda transformación: se transforma en león, busca conquistar su libertad y ser señor en su propio desierto (dueño de su propia vida). El león tiene objetivos, "él quiere" pero la sociedad, el mundo (su señor, su dios, el gran dragón) no lo deja, ya que le impone normas y valores a través del "tú debes". Finalmente, el león se convierte en niño, que representa un nuevo comienzo, un juego, una rueda que se mueve por sí misma, un primer movimiento y un santo. El retirado del mundo conquista ahora su mundo y crea sus propias normas y valores. El niño representa al superhombre nietzscheano.

CAPÍTULO XV

EL HOMBRE MEDIOCRE

(JOSÉ INGENIEROS)

Nació en Buenos Aires, Argentina (1877-1925). Sus principales obras son: "El hombre mediocre", "La simulación en la lucha por la vida", "Simulación de la locura", "Hacia una moral sin dogmas" y "La psicopatología en el arte".

Por su labor de escritor, investigador y en especial de educador, fue declarado "Maestro de la Juventud".

José Ingenieros pertenece a una corriente vitalista positivista, porque su pensamiento filosófico parte de las vivencias del hombre estando en sociedad, de su vida bajo el influjo del medio social y cultural. Hace una diferenciación entre el hombre mediocre y el hombre superior, dando a conocer las características de ambos.

CARACTERÍSTICAS DEL HOMBRE MEDIOCRE

Los hombres mediocres tienen las siguientes características:

-No tienen personalidad ni carácter, porque dicen una cosa y hacen otra muy distinta.

-No piensan, no crean nada, no inventan nada y solo imitan a otros. No son originales y cargan demasiados prejuicios.

-La sociedad piensa y quiere por ellos, no tienen voz sino eco. Son del montón, uno más y en concreto son la mugre de la sociedad.

-No hacen historia porque no dejan huellas, solo nacen, crecen, se reproducen y mueren como verdaderos animales.

-No tienen pasado, presente y mucho menos futuro.

-Viven sin valores, sin ideales y sin estrellas polares.

-Todos los días son iguales para ellos, son hombres rutinarios.

-No saben qué son, por qué están en este mundo y por qué viven, son los hombres rebaño. Solo les preocupa el trabajo y el dinero, en lugar de pensar y realizar actos nobles.

-Son mansos, hipócritas, rencorosos, fríos, calculadores, perversos, vulgares, desleales, ingratos, miserables, aduladores, envidiosos, tienen el corazón y cerebro petrificados.

-Cambian la tabla de valores, para ellos pensar es un desvarío, la dignidad es irreverencia, la justicia no existe, la sinceridad es una tontería, la admiración es imprudencia, la pasión es ingenuidad y la virtud es una estupidez.

-Buscan ser entendidos antes que entender.

-Son negligentes porque no saben escuchar, pero eso sí, les gusta ser escuchados.

-Son reactivos porque culpan a los demás de sus fracasos.

-Son superficiales y no profundos en su forma de ver las cosas.

-Son individualistas, no les gusta trabajar en equipo.

-No tienen una misión en la vida, metas, ni objetivos, no saben con exactitud qué es lo que quieren.

-No saben diferenciar entre lo prioritario y lo secundario, entre lo que es importante y lo que no lo es.

-No se aceptan a sí mismos, a sus familias, a sus amigos, ni el lugar donde viven, pero tampoco hacen nada para cambiarlo y mejorarlo.

-Necesitan la aprobación de sus actos, por parte de sus padres, amigos, profesores, novia(o), vecinos y de todas las personas que le rodean.

-Se culpan y se preocupan de todo, por lo importante y por lo que no lo es.

-Siempre utilizan la frase: "No es justo", cuando deberían utilizar la frase: "No me daré por vencido".

-No eliminaron la ira de su carácter, ya que no eliminan la frase: "Si solo fueras más parecido a mí".

-Tienen como premisa fundamental participar y ganar experiencia. Ganar es simplemente una posibilidad.

-Nunca se renuevan en lo físico, anímico, espiritual, deportivo, social, artístico, familiar, económico y cultural.

-Viven pendientes del qué dirán los demás, viven en un mundo de apariencia (llevan en mano libros gruesos, para que digan que son estudiosos).

-Pasan la mayor parte del tiempo delante del televisor, el internet, conversando por teléfono y de compras en los locales comerciales.

-Son ociosos, no se organizan y hacen las cosas a último momento.

-No tienen una existencia original ni auténtica, porque no son creativos ni tampoco emprendedores.

-Tienen percepciones negativas de sí mismos y de los demás, que no los dejan crecer ni desarrollarse.

-Simulan luchar en la vida para mostrarse útiles e importantes, presumiendo lo que no son y lo que verdaderamente no hacen.

CARACTERÍSTICAS DEL HOMBRE SUPERIOR

Los hombres superiores tienen las siguientes características:

-Tienen personalidad y carácter, porque hacen lo que dicen. Siempre cumplen sus promesas, no prometen cosas que no van a cumplir.

-Tienen una misión en la vida, que le da sentido y dirección a su existencia. Ellos saben que para conseguir sus metas, que forman parte de su misión en la vida, tendrán que poner de su parte más trabajo, más lucha, más sacrificio, más disciplina, más poder de decisión, menos tiempo con los amigos y la familia, menos tiempo para salir a pasear, mirar televisión y entrar a chatear por internet.

-Tienen sueños e ideales, proyectos y perspectivas, porque buscan mejorar la realidad de los demás y la suya propia. No son egoístas, no solo piensan en ellos sino también en su sociedad, en su mundo, que les ha dado tanto.

-Buscan hacer historia, dejando huellas traducidas en ideas, acciones, sentimientos y empresas, para que su existencia pueda trascender más allá de la muerte. Tratan que la finitud de su existencia, pueda prolongarse más allá de la muerte.

-Saben diferenciar entre lo esencial y lo secundario, por lo cual son capaces de decir no a los demás cuando tienen obligaciones y responsabilidades. Saben decir no a algunas invitaciones de sus amigos.

- Buscan ganar, ya que esa es su premisa y su única alternativa. Ellos ya se olvidaron de esa frase mediocre: "Lo importante es participar", porque ellos saben que lo más importante es ganar y darán todo lo mejor de ellos para conseguir este objetivo. La derrota está entre las posibilidades, pero la premisa es ganar.

-Saben de la necesidad de la oración, porque los hombres necesitan abrir sus corazones y dejarse guiar por Dios. La oración nos da el coraje necesario para conseguir nuestros objetivos.

-Buscan primero entender, luego ser entendidos, porque saben que para poder comunicarse y poder influir sobre los demás, deben saber escuchar primero, comprender la situación y luego hablar, para dar una opinión, solución o simplemente ser escuchado.

-Saben apreciar su liberad de acción, no como un hacer todo a su antojo, sino como un deber de desarrollarse y crecer como personas, porque de lo contrario, no serían libres.

-Saben trabajar en equipo, porque dos o más personas dan mejores resultados y soluciones que una sola.

-Buscan renovarse constantemente, para fortalecer su corazón, su cerebro y su espíritu, porque solo así volverán con más ímpetu a las actividades que realizan frecuentemente.

-Buscan transformar cualitativamente su realidad y la realidad de los demás.

-Tienen identidad y aman su tierra y su país.

LA VIDA Y LA HISTORIA

Según Ingenieros, la vida vale por el uso que de ella hacemos y por las obras que realizamos. La medida social del hombre está en la duración de sus obras: la inmortalidad es un privilegio de quienes hacen perdurables sus obras a través de los siglos. Estas obras se refieren a los hechos trascendentales que hacen historia, no solo en la vida del hombre, sino en el mundo.

La vida está hecha para crear y dejar huellas. Esa creación y esas huellas deben ser un esfuerzo original. La historia conserva el nombre de pocos iniciadores y olvida el nombre de innumerables secuaces que los imitan[19].

EL ALMA

La vida es una eterna lucha entre el alma de la especie, el alma de la sociedad y el alma individual. Los hombres mediocres caen en la influencia de los atributos hereditarios del "alma de la especie" y de las adquisiciones imitativas del "alma de la sociedad"; en cambio, el hombre superior que tiene el "alma individual", hace historia porque es diferente a los demás.

EL HOMBRE Y SU DEBER SER

El hombre debe hacer de su existencia finita una existencia infinita, haciendo historia, debe buscar la gloria y no el éxito, debe pensar y no ser un adorno, debe preguntar el porqué de las cosas, no quedarse callado, debe atar corazones y no unir intereses, debe cosechar flores y no espinas, debe tener talento y conocimientos, no ignorancia, debe ser cristal y no arcilla, no debe humillarse ni ser sirviente.

---

[19] INGENIEROS, José (1991). El hombre mediocre. Argentina. Pág. 73.

CAPÍTULO XVI

EL HOMBRE ARMADO

Existe una carrera armamentista en el mundo, producto de la rivalidad entre algunos países, que tiene como único objetivo, ejercer poder sobre otros Estados.

GUERRAS MUNDIALES

Las tensiones existentes entre las potencias industriales de Europa, en pleno siglo XX, dieron lugar a la Primera y Segunda Guerra Mundial, que fueran violentas e intensas. Estos dos conflictos bélicos también ocasionaron una salvaje carrera armamentista y una desconfianza entre los Estados.

GASTO MILITAR

La guerra contra el terrorismo ha alentado a muchos países a mirar sus problemas con un lente militar.

El gasto mundial en armamento militar hasta 1999 creció en un 45% y en el 2014 en un 15%, con respecto al año anterior, según el informe anual difundido por el "Instituto Internacional de Estudios para la Paz de Estocolmo".

En este contexto, Estados Unidos, con un gasto militar de 610 mil millones de dólares en el 2014, que representa un 41% del desembolso mundial.

Por otro lado, China se colocó en segundo lugar, con un presupuesto de 216 mil millones de dólares, que supone un

15% del gasto mundial. Le siguen Rusia con 85 mil millones, Francia con 66 mil millones, Gran Bretaña con 65 mil millones de dólares.

En Asia, el gasto militar aumento en India, Corea del Sur y Taiwán, mientras que se recortó en Indonesia, Pakistán y Japón.

CARRERA ARMAMENTISTA

El desarrollo de las armas nucleares se añade a la carrera de los llamados armamentos convencionales (tanques, buques, aviones, misiles y armas), los que se extienden no solo en los países desarrollados, sino también en los que están en vías de desarrollo.

Las armas nucleares estratégicas acumuladas en los arsenales del mundo bastarían para destruir varias veces nuestro planeta. Su potencia combinada es de más de un millón de veces superior a la bomba atómica que destruyó a Hiroshima y Nagasaki. Hoy por hoy la atención se centra en el perfeccionamiento de armas nucleares tácticas, como la bomba de neutrones superradiactiva, de baja potencia explosiva, aproximadamente un kilotón, o sea el equivalente a 1000 toneladas de TNT. En este caso, el perfeccionamiento consiste en que este tipo de bomba es más destructiva para la vida que para los bienes materiales. Esto nos demuestra una vez más que el hombre actúa como **un Dios**, no divino sino sumamente terrenal.

TRÁFICO DE ARMAS

El tráfico ilegal de armas livianas es un negocio de más de 100 millones de dólares que alimenta guerras y crímenes, que causan dolor, llanto y muerte. Se estima que de más de 500 millones de armas ligeras, una de cada doce en el planeta, es accesible en mercados negros, y llegan frecuentemente a manos de soldados niños.

El tráfico de armas es el segundo negocio ilícito más lucrativo después de las drogas.

Las armas pequeñas fueron las predilectas en 46 de los 49 conflictos armados desde 1990, contribuyendo a cuatro millones de muertes, de las cuales el 80% fueron mujeres y niños.

FABRICANTES DE ARMAS

Los principales fabricantes de armas en el mundo son: los **Estados Unidos**, con sus compañías privadas: Tenneco, McDonell Douglas, General Dynamics, Boeing, Lockheed, Hughes, Rockwell y General Electric, entre otros, y **Rusia**, donde el propio gobierno es el encargado de mantenerse en un nivel tecnológico militar comparable al estadounidense. Cada año los Estados Unidos exporta más de 100 millones de dólares en equipo bélico, siendo sus clientes más importantes: Arabia Saudita, Israel, Australia y Alemania. En cuanto a Rusia, sus ventas ascienden a un monto de 65 millones de dólares.

LA CIENCIA Y LA TECNOLOGÍA AL SERVICIO DE LA INDUSTRIA BÉLICA

La ciencia y la tecnología están al servicio de la industria bélica, porque se desvían grandes cantidades de recursos económicos para estas actividades. Se estima que en la actualidad, alrededor del 25 por ciento del personal científico mundial se dedica a actividades relacionadas con asuntos militares; y se ha calculado que del total acumulado de gastos en investigación y desarrollo militar desde la Segunda Guerra Mundial, ha alcanzado el 40%.

Se calcula que en todo el mundo unos 60 millones de personas, uniformados y civiles, trabajan en ocupaciones relacionadas con la industria militar.

LAS MATERIAS PRIMAS Y LA INDUSTRIA MILITAR

Las fuerzas armadas de todos los países son consumidoras importantes de una gran variedad de recursos no renovables y de reservas, tanto energéticas como de materias primas.

En el caso de metales como el aluminio, el cobre, el plomo y el zinc, la demanda militar oscila entre el 11 y 14% de la demanda total; respecto de varios otros metales. En el caso del titanio excede en el 40%.

El consumo militar mundial de hidrocarburos líquidos y sus derivados, que se utilizan en la producción de armas, es de unos 700 a 750 millones de barriles anuales.

Durante la Guerra Fría, los EEUU y la Unión Soviética, pretendieron controlar los pozos petrolíferos del mundo, que son estratégicos para controlar el manejo del mundo, desde lo político y lo económico.

EDUCACIÓN, SALUD Y VIVIENDA

Los recursos dedicados a la investigación médica en el mundo entero, constituyen tan solo una quinta parte de los destinados a la investigación y al desarrollo militar. En todos los casos, los recursos que consume el sector bélico son cuantiosos en comparación con los gastos públicos de orden social, incluso en esferas tan importantes como la educación, salud y vivienda.

Semejante estado de cosas determina un sistema de prioridades en materia de inversiones y privilegia ciertas estructuras económicas que, al haberse vuelto esencial para la vida de las naciones, harán más difícil la reconversión de la industria armamentista en actividades pacíficas y sociales.

GRUPO DE SEGURIDAD DE LA ONU

Los miembros permanentes del Consejo de Seguridad de la ONU son: Estados Unidos, Rusia, China, Inglaterra y Francia. Ellos se encargan de velar por la paz en el mundo; pero lo paradójico es que, los dos primeros son los más grandes fabricantes de armas en el mundo y los otros, sus compradores potenciales[20].

---

[20] REINAGA, Fausto (2007). El pensamiento amautico. Bolivia. Pág. 37.

LOS DIOSES DE LA GUERRA

Algunos hombres son los **dioses de la guerra**, fabrican armas y crean guerras, para vender sus armas. Estas armas son las convencionales, las de destrucción masiva, las biológicas y las químicas, que solo asesinan a los seres humanos, a la naturaleza (biodiversidad), al medio ambiente y al planeta mismo. A estos semidioses no les interesa la vida, ni la existencia; lo que les interesa es el Dios dinero.

Esa es la naturaleza belicosa de estos hombres, que dejan de lado sus valores y principios por el dinero, aún si está manchado de sangre.

CAPÍTULO XVII

EL HOMBRE TRANSGÉNICO

Las grandes potencias mundiales han encontrado una mejor forma de someter a los pueblos tercermundistas y en vías de desarrollo, y ésta es por los alimentos, ya que parten de la premisa: **"Si se tiene poder sobre los alimentos, entonces se tendrá poder sobre los pueblos"**, cambiando la conquista a través de las armas, por uno más siniestro, vil y sofisticado que es la **BIODEVASTACIÓN TRANSGÉNICA**, que tiene como propósitos fundamentales: apoderarse de los recursos naturales del planeta y controlar el crecimiento demográfico en el mundo.

ALIMENTOS TRANSGÉNICOS

Los alimentos transgénicos son organismos que han incorporado en su composición un gen de otra especie, de origen vegetal o animal, mediante técnicas genéticas, con la finalidad de dotarle alguna cualidad especial de la que carece.

De este modo, las plantas transgénicas pueden resistir plagas, sequías, herbicidas y almacenamientos prolongados.

NATURALEZA DE LOS TRANSGÉNICOS

Los **alimentos orgánicos** tienen una serie de propiedades que están destinadas a **nutrir** el organismo del ser humano. Cuando un fruto o vegetal es combinado genéticamente, sus propiedades mutan y podrían **causar problemas** en la salud de los consumidores, siendo el **cáncer**, los **tumores** y la **infertilidad**, los más preocupantes.

Las transnacionales que comercializan estos alimentos, contratan ingenieros genéticos para cambiar el color, sabor y tamaño de los alimentos.

LOS PRECURSORES

En la primera mitad del siglo XX, las semillas estaban en manos de los agricultores y entidades públicas. En las décadas posteriores, se da el monopolio de los gigantes genéticos, marcando el inicio de la mercantilización de la vida.

Seis compañías gigantes agroquímicas se proponen controlar en el ámbito mundial, la producción de alimentos manipulados genéticamente. Estas empresas son: Monsanto, Dupont y Dow Chemical Company (Estados Unidos); Novartis y Syngenta (Suiza); Bayer Crop Science (Alemania), que controlan el 60% del mercado mundial de semillas y el 66% de los agroquímicos. Es decir, no solo venden semillas sino también pesticidas, ya que los transgénicos son más resistentes a los herbicidas tradicionales.

Estas empresas que se dedican al desarrollo de semillas transgénicas, representan el 82% del mercado de semillas comerciales en todo el mundo. Han invertido millones para pasar por encima de organizaciones comerciales, organismos reguladores, legisladores, medios de comunicación y consumidores.

Siendo la alimentación un gran negocio que tiende a crecer, a partir del crecimiento demográfico en el mundo; estas empresas a partir de las **patentes**, esperan que los agricultores de todo el mundo, les compren año tras año, semillas transgénicas y los compuestos químicos para cultivarlas.

ESTERILIDAD DE LAS PLANTAS NATIVAS

El problema más serio que surge del uso de semillas transgénicas, es la esterilidad de las plantas silvestres o nativas por polinización abierta, que implica la **propagación gradual de la esterilidad, no solo de las plantas sino también de los suelos**; siendo esto una catástrofe mundial que incluso podría borrar del planeta, formas superiores de vida (seres humanos y animales).

Las semillas transgénicas son semillas suicidas, porque están programadas para nacer una sola vez, haciendo que su descendencia sea estéril, para evitar que los agricultores puedan volver a sembrarlas sin ningún costo. La idea es que el agricultor compre semillas todos los años, a la transnacional que las produce y comercializa.

SEGURIDAD ALIMENTARIA

El mundo cuenta con 7 mil millones de personas y produce alimentos suficientes para 9 mil millones. Sin embargo, en la actualidad, hay en el mundo más de mil millones de hambrientos. Al mismo tiempo, hay más de mil millones de personas con sobrepeso, muchos de los cuales son obesos y sufren enfermedades relacionadas con una dieta de alimentos industrializados, que puede ser tan mortal como el hambre.

El hambre y la obesidad no son el resultado de los bajos rendimientos agrícolas, más al contrario, resulta de la producción excesiva de alimentos tóxicos que se comercializan, de la escasez de alimentos orgánicos saludables, de la titulación injusta de la propiedad de tierras agrícolas y la distribución desigual de los alimentos en el sistema capitalista[21].

EL EJEMPLO DE LA INDIA

La India es uno de los ejemplos más claros del uso negativo de las semillas transgénicas, donde cada año se suicidan unos 20.000 agricultores, al comprobar desesperados el engaño de las semillas transgénicas.

Los agricultores recién se dan cuenta que no tienen el dinero suficiente para pagar las semillas transgénicas de arroz y algodón, y se dan cuenta a la vez, que han perdido todas las semillas autóctonas que tenían de manera gratuita y con las cuales podían alimentar a sus familias.

Si a este problema social, que empobrece a los países menos desarrollados, le añadimos **el problema de salud de las personas y la contaminación ambiental**, nos encontramos con una situación que se tiene que calificar como **terrorismo biológico**, con secuelas de muerte y desolación.

---

[21] GALEANO, Eduardo (1998). Patas arriba. Uruguay. Pág. 251-252.

EL BAJO COSTO DE LOS TRANSGÉNICOS

La soya y maíz transgénico se utiliza para el consumo de pollos en granjas, lo cual afecta a la salud de los seres humanos que los consumen.

El aceite que se consume en el mundo tiene origen en la soya transgénica, por lo cual es una clara amenaza para la salud pública.

Aunque la gran mayoría de la población está en contra del consumo de transgénicos, finalmente termina consumiendo estos productos porque son **más baratos** y porque no existe **el etiquetado de "alimento transgénico"**.

COMO UTILIZAN LOS HOMBRES DIOSES LOS TRANSGÉNICOS

Los **hombres dioses** utilizan los alimentos transgénicos para envenenar a los otros hombres, a la naturaleza y al planeta, lo cual se traduce en enfermedades terminales (cáncer), la infertilidad de los suelos, la eliminación de las plantas y animales nativos, control del crecimiento poblacional y la contaminación del medio ambiente.

Los hombres juegan a ser dioses, a partir de la manipulación genética no solo de alimentos, sino también de animales y porqué no decirlo, del mismo hombre, pese a que lo niegan; pero, ¿Quién les cree?

El hombre al manipular genéticamente alimentos, animales e incluso los genes de los mismos seres humanos, **está transformando lo que supuestamente Dios creó**, yendo en contra de él, asumiendo el papel de **co-creador junto con Dios**, ya que es capaz de dar vida, pero al mismo tiempo la destruye.

CAPÍTULO XVII

EL HOMBRE DIALÓGICO

(PAULO FREIRE)

Nació en Recife (1921-1997). Pedagogo y filósofo brasileño, es autor de: "La educación como práctica de la libertad" (1967) y la "La pedagogía del oprimido" (1970).

EL PROBLEMA DE LA DESHUMANIZACIÓN

Según Freire, de corriente existencialista, el problema de la deshumanización del hombre ha hecho que los seres humanos tengamos que vivir en sociedades donde hay injusticia, explotación, opresión y violencia, gobernados por intereses de grupos y clases dominantes; situación que genera una negación del crecimiento y desarrollo de los hombres, es decir, que en estas condiciones, el hombre no se podrá formar integralmente, ya que su formación será muy limitada.

OPRIMIDOS Y OPRESORES

Cuando en una sociedad hay injusticia, explotación, opresión y violencia surge la lucha de los oprimidos contra los opresores, porque son dos fuerzas antagónicas que se contraponen, pero en el caso de los opresores con una enorme ventaja, ya que su verdad se encuentra alojada en la conciencia de los oprimidos. Los oprimidos a partir del reconocimiento de su opresión, buscan liberarse de sus opresores; pero al liberarse a sí mismos a través de la educación y el diálogo, también están liberando a sus opresores, esa es su gran tarea humanista[22].

CONTRADICCIÓN

El problema de la deshumanización implica resolver la contradicción entre opresores-oprimidos que es funcionalmente domesticadora; solo a partir de esto, se podrá reencauzar la vocación de los hombres, que es hacer de los hombres, verdaderos seres humanos.

Esta contradicción solo se superará, cuando los oprimidos hagan de la opresión y sus causas, **objeto de reflexión**, que generará en ellos, su compromiso de lucha, para conseguir su libertad.

DEPENDENCIA

Los oprimidos tienen miedo a superar la contradicción que existe con sus opresores, porque tienen miedo a la libertad, siempre han dependido de sus opresores, por eso el hecho de conseguir su libertad les parece extraño; pero gracias al **diálogo** que implica **reflexión-acción**, puede conseguir su libertad y su independencia, transformando cualitativamente su realidad. Con esto, supera la contradicción existente entre oprimidos y opresores.

REALIDAD SOCIAL

---

[22] FREIRE, Paulo (1970). Pedagogía del oprimido. Argentina. Pág. 25.

La realidad social objetiva, que no existe por casualidad sino como el producto de la acción de los hombres, tampoco se transforma por casualidad. Si los hombres son los productores de esta realidad y si ésta es negativa para ellos, los condiciona a transformar la realidad opresora, que es una tarea histórica, siendo ésta la tarea de los hombres.

Al hacerse opresora la realidad, que implica la existencia de los que oprimen y de los que son oprimidos; a los oprimidos les corresponde luchar por su liberación junto con los que, con ellos, verdaderamente se solidarizan, necesitan ganar la conciencia crítica de su opresión.

Ninguna realidad social se transforma a sí misma, solo a través de la praxis revolucionaria. Esta realidad, en sí misma es funcionalmente domesticadora.

EL PODER Y LA VIOLENCIA

Los que tienen poder instauran la violencia, que debe ser entendida como un proceso, que pasa de una generación de opresores a otra, y que crea en el opresor una conciencia fuertemente posesiva del mundo y de los hombres.

De ahí que la conciencia opresora tienda a transformar en objeto de su dominio todo aquello que le es cercano, como ser: la tierra, los bienes, la producción, la creación de los hombres, los hombres mismos, reduciéndose todo a objetos de su dominio.

En esta ansia irrefrenable de posesión, desarrollan en sí la convicción que es posible reducir todo a su poder de compra. De ahí su concepción estrictamente materialista de la existencia. El dinero es, para ellos, la medida de todas las cosas y el lucro su objetivo principal.

"Ser" para los opresores, es equivalente a "tener"como clase poseedora.

EL PODER DE LA PALABRA

En un régimen de dominación de conciencias, se puede ver que los que más trabajan y en las peores condiciones, no pueden decir su palabra, ya que los dominadores tienen el monopolio de la palabra, con que mistifican, masifican y dominan. En esa situación, los dominados, para decir su palabra, tienen que luchar contra los opresores, que retienen y niegan a los demás el uso de la palabra.

Decir su palabra equivale a asumir conscientemente, como trabajador (oprimido), la función de sujeto de su historia, en colaboración con los demás trabajadores: el pueblo.

La palabra es el elemento fundamental de cualquier diálogo.

EL HOMBRE RADICAL

El hombre radical que es el revolucionario, está comprometido con la transformación cualitativa del mundo, está comprometido con la liberación de los hombres, no teme enfrentar, no teme escuchar, no teme el descubrimiento del mundo, no teme el encuentro con el pueblo y no teme al diálogo con él. No se siente dueño del tiempo, ni dueño de los hombres, ni liberador de los oprimidos. Se compromete con ellos en el tiempo, para luchar con ellos por la liberación de ambos. El hombre radical

busca la inmortalidad a través de la trascendencia de su existencia.

CARÁCTER PEDAGÓGICO DEL DIÁLOGO

Si el diálogo es fuente de la liberación del oprimido, ese mismo hecho le da un carácter pedagógico, por lo cual para superar la contradicción oprimidos-opresores exige la elaboración de la **PEDAGOGÍA DEL OPRIMIDO**, como instrumento fundamental de la acción liberadora, porque se enfrenta a la conciencia de los oprimidos como a la conciencia de los opresores. Esta pedagogía debe ser elaborada con los oprimidos y no para ellos.

LA LIBERACIÓN ES UN ACTO DE AMOR

Los hombres se liberan en comunión, a partir de un diálogo sincero y horizontal. Este diálogo implica dar una mejor educación a los oprimidos, que nos da a entender que existe un acuerdo de voluntades entre opresores y oprimidos. Los oprimidos a través del diálogo consiguen su libertad y los opresores les otorgan su libertad[23].

LOS DOS MOMENTOS DE LA LIBERACIÓN DEL OPRIMIDO

Estos dos momentos son:

---

[23] FREIRE, Paulo (1967). La educación como práctica de la libertad. Uruguay. Pág. 103.

El **primero**, cuando el oprimido va tomando conciencia de su situación de opresión y se va comprometiendo con la transformación cualitativa de su realidad.

El **segundo**, cuando consigue transformar cualitativamente su realidad, es decir, consigue su libertad y con ella, mejores condiciones de vida y de trabajo.

DIALOGICIDAD

El diálogo sincero y horizontal fundado en el amor, es la esencia de la educación como práctica de la libertad. Este diálogo es la base de la educación problematizadora, propuesta por la pedagogía del oprimido.

La educación auténtica no se hace de A para B o de A sobre B, sino de A con B mediatizados por el mundo.

El diálogo empieza con la búsqueda de contenidos programáticos, que deben estar relacionados con la realidad y contexto de los educandos; por consiguiente, entre educadores y educandos deben consensuar los contenidos que se van a tocar en clases.

La acción dialógica sirve para la liberación y la acción antidialógica para la opresión.

No hay diálogo si no hay profundo amor al mundo y a los hombres. No es posible la pronunciación del mundo, sino existe amor que lo funda, siendo el amor fundamento del diálogo. Un diálogo no puede fundarse en una relación de dominación, sino debe fundarse en el amor; es decir, en una relación horizontal.

El amor es un acto de valentía, nunca de temor; el amor es un compromiso con los hombres, el mundo y la vida.

Los hombres dialógicos tienen fe en los hombres.

LA PALABRA VERDADERA Y LA PALABRA FALSA

La palabra verdadera que une la acción y la reflexión, es capaz de transformar el mundo, en cambio la palabra inauténtica no puede transformar la realidad, ni el mundo.

La existencia humana no puede ser muda, silenciosa, ni tampoco nutrirse de falsas palabras, sino de palabras verdaderas con las cuales los hombres transforman el mundo. Existir, humanamente, es pronunciar el mundo, es transformarlo. El mundo pronunciado, a su vez, retorna problematizado a los sujetos pronunciantes, exigiendo de ellos un nuevo pronunciamiento.

Los hombres no se hacen en el silencio, sino en la palabra, en el trabajo, en la acción y en la reflexión.

Decir la palabra verdadera, que es trabajo, que es praxis, es transformar el mundo, decirla no es privilegio de algunos hombres, sino derecho de todos los hombres. Decir la palabra, referida al mundo que se ha de transformar, implica un encuentro de los hombres para esta transformación. Este encuentro de hombres también implica humanizar el mundo, es decir, no basta con transformarlo, también hay que humanizarlo.

LOS HOMBRES DIOSES FRENTE A LOS OPRIMIDOS

Los opresores se sienten **dioses** frente a los oprimidos, porque les imponen su verdad, les niegan la palabra y los tratan simplemente como objetos y no como sujetos que pueden expresar su verdad.

Los opresores imponen su verdad a través de la fuerza y la violencia, y no del diálogo sincero ni horizontal.

El diálogo sincero y horizontal fundado en el amor no existe para ellos, sino solo un diálogo vertical e hipócrita.

Los opresores no buscan una transformación cualitativa de la realidad, porque esa realidad les es favorable, esa es su verdad absoluta, pero están equivocados porque esa realidad es una verdad relativa, puede cambiar, a partir de la contradicción entre opresores y oprimidos.

CAPÍTULO XIX

EL HOMBRE COSMOLÓGICO

(FILOSOFÍA ANDINA)

En el mundo actual y contemporáneo, las políticas gubernamentales de los países de esta parte del mundo, apuntan a recuperar los saberes de sus pueblos originarios, por ser su patrimonio cultural. Pretenden revalorizarlo, preservarlo y difundirlo.

EL HOMBRE Y EL COSMOS

La filosofía andina **teoriza e incluso aplica** su concepción e interpretación del cosmos y sus elementos constitutivos, que son: el mundo, la naturaleza y **el hombre**.

El hombre es un ser cosmológico, porque es parte y complemento del cosmos, ocupando un lugar en esa red de relaciones cósmicas. Todo el cosmos está conectado y por esa misma razón, el hombre es parte del cosmos y tiene la obligación de relacionarse de manera armónica con la naturaleza, el mundo, lo divino y el mismo cosmos.

El hombre es el guardián de la armonía del cosmos, porque al ser complemento universal del cosmos, todos sus actos éticos y buenos contribuirán para mantener el equilibrio y armonía del cosmos. Si conserva el equilibrio y armonía en su vida, conservará también el equilibrio y armonía de la naturaleza y el mundo; y, por consiguiente, del cosmos, del universo. Si el planeta Tierra o Madre Tierra no tiene equilibrio y armonía (guerras, contaminación, desaparición de las especies en extinción, infertilidad de los suelos por los alimentos transgénicos y el calentamiento global), generará un caos cósmico, una hecatombe universal.

EL HOMBRE Y LA FELICIDAD

El hombre andino para ser feliz, ético y encontrar la paz espiritual debe conservar el orden cósmico, el orden universal de las cosas, realizando actos buenos y morales, que no vayan en contra del equilibrio de la naturaleza, el mundo y el cosmos.

Los actos son buenos en la medida que contribuyen a la vida y a la conservación. Es una ética del cosmos, porque cada acto y comportamiento tienen consecuencias cósmicas, ya que el cosmos es la casa y el mundo es el complemento del cosmos, siendo el hombre complemento del mundo y de la naturaleza.

Este rol de celoso guardián de la armonía del universo lo cumple a cabalidad, cuando preserva y conserva el equilibrio de la naturaleza y, por consiguiente, del mundo, que da lugar, a su vez, al equilibrio y armonía del cosmos; porque si hay desequilibrio e inarmonía en la naturaleza y el mundo que son su responsabilidad, hay desequilibrio y caos en el cosmos.

POLARIDAD SEXUAL

La filosofía andina interpreta la condición sexual como una constitución universal y hasta cósmica: Todo es sexuado: los cerros, la Luna, los rayos, el Sol, la Tierra, las estrellas, la lluvia y todo lo natural y cósmico.

La sexualidad forma parte del orden cósmico, es la condición básica para la complementariedad polar. Los fenómenos naturales y cósmicos expresan su polaridad sexual a su manera: día y noche, sol y luna, nube y rayo se complementan como dos polos opuestos, pero de ninguna manera excluyentes ni contradictorios. Esta polaridad o tensión entre dos opuestos que se complementan **genera la vida, es la fuente de la vida**: el sol calienta la tierra, el agua de las lluvias fertiliza la Pachamama (Tierra), los animales comulgan con las plantas y las nubes producen el rayo.

Desde esa perspectiva, el ser humano es esencialmente sexuado y esta condición revela la complementariedad entre lo femenino y lo masculino, que genera vida, que no solo debe limitarse a la conservación, sino también a la perpetuación de la especie[24].

Tanto el varón (chacha) como la mujer (warmi), para desarrollarse como personas, deben encontrar su complementariedad en el polo opuesto.

LÓGICA ANDINA

La filosofía andina está basada en principios lógicos, que son: El principio de relacionalidad, el principio de correspondencia, el principio de complementariedad y el principio de reciprocidad.

---

[24] ESTERMANN, Josef (2011). Filosofía andina. Bolivia. Pág. 223.

El principio de relacionalidad, se refiere a que en la realidad todo está relacionado, todo está conectado: el hombre, la naturaleza, el mundo y el cosmos. La entidad básica no es el ente sino la relación. Esta relación en el sentido andino no es causal (correspondencia, reciprocidad, polaridad y proporcionalidad).

El principio de correspondencia, se refiere a que los distintos componentes de la realidad se corresponden en un todo armónico. El principio de correspondencia se manifiesta en la filosofía andina a todo nivel y en todas las categorías, como ser: **en el micro y macro cosmos**, de lo grande a lo pequeño, de la realidad cósmica a la realidad terrenal, **en lo cósmico y humano**, de lo humano a lo no humano, de lo orgánico a lo inorgánico, de la vida a la muerte, de lo bueno a lo malo, de lo divino a lo humano. Este principio es válido en todos los campos.

El principio de complementariedad, se refiere a que en la realidad los entes no existen solos ni aislados, sino co-existen con su complemento específico, así como el cielo y la Tierra, el Sol y la Luna, lo claro y lo oscuro, el bien y el mal, lo masculino y lo femenino; que son para la filosofía andina una complementación que se da en todos los niveles y en todos los ámbitos de la vida.

Hay diferencias entre opuestos, pero esos opuestos no están en contradicción, sino en una complementariedad armónica, dentro del orden universal. Los opuestos no se oponen, se complementan.

El principio de reciprocidad, se refiere: "A cada acto le corresponde un acto recíproco, sea igual o de mayor jerarquía". Este principio rige y es válido para las interrelaciones humanas, relaciones del hombre con la naturaleza, con lo divino, con el mundo y con el cosmos. De ahí surge la "Etica Cósmica", ya que la reciprocidad andina supone un "Deber Cósmico", que refleja un orden universal, del cual el ser humano forma parte.

Todo acto condiciona a otro acto, un acto es recompensado con otro acto, similar o de mayor jerarquía. Se trata de la "Justicia Cósmica", producto del intercambio de bienes, sentimientos, favores, saberes y valores.

Las bases del principio de reciprocidad son: el "Orden Cósmico" y la "Justicia Cósmica". Todo esto a partir de las múltiples relaciones existentes entre el hombre con la naturaleza, con el mundo, con la divinidad y con el cosmos[25].

LA TEOLOGÍA EN LA FILOSOFÍA ANDINA

Para la filosofía andina Dios está en todo, forma parte integral del cosmos, no como persona sino como presencia simbólica. Dios está relacionado con el cosmos, ya que se encuentra en todos sus elementos constitutivos. Dios sostiene y conserva el orden universal del cosmos, desde adentro, por eso todo es sagrado: el Sol o Inti, la Tierra o Pachamama, los animales, los ríos, la naturaleza, el mundo y el cosmos. Dios forma parte de este orden cósmico y divino; Dios no es sustancia, es relación.

---

[25] QUIROZ, Marcelo (2012). Cosmovisión andina. Bolivia. Pág. 59.

Dios es la suma de todas las relaciones que posibilitan la vida y el orden cósmico, porque Dios y el cosmos son un todo, se complementan y se relacionan.

El hombre andino se relaciona con la divinidad a través de sus ceremonias, rituales (Ch'alla, Wilancha) y fiestas.

PACHA

El término se refiere al mundo-cosmos, al tiempo espacio, como unidades inseparables y en constante movimiento. Es una forma de entender la vida y el universo.

Los seres humanos son parte de la naturaleza y el mundo, y estos a su vez, son parte del cosmos, por eso nos movemos en el cosmos.

Los pueblos del Abya Yala creían no sólo en Wiracocha, el Tata Inti o la Pachamama, sino en un universo más complejo, donde dioses, animales, estrellas y humanos conviven en un mismo espacio y tiempo, donde el dios Thunupa Wiracocha posee un lugar central junto a la Cruz del Sur. Por esta razón, para entender lo que es el Pacha, es necesario dividirlo en espacios sagrados que son: Alax Pacha, Aka pacha y Manqha Pacha.

El Alax Pacha, es el mundo de arriba o celestial, está integrado por: Dios Creador (Tata Inti-Thunupa - Wiracocha), la Luna, el Rayo y los Achachilas. Es representado por el condor.

El Manqha Pacha, es el mundo de abajo, desconocido o lugar tenebroso donde habitan los espíritus malignos como el: Genio maligno, el supaya. Es representado por la serpiente o katari.

El Aka Pacha, es el mundo o planeta Tierra, también conocido como la "Pachamama" o "Madre Tierra". Es representado por la llama.

El Aka Pacha (Taypi)es el nivel intermedio entre el Alax Pacha y el Manqha Pacha. Allí las fuerzas contrapuestas de arriba y abajo se encuentran y libran sus batallas o se complementan en una síntesis generadora de vida. De esta manera, la Pachamama recibe los efectos de lucha entre el Dios Creador y el Genio Maligno, y en su seno conjunciona a estos principios opuestos para dar origen a la humanidad y a la civilización.

CAPÍTULO XX

EL HOMBRE DESCOLONIZADO

LA CENTRALIDAD Y LA PERIFERIA

En la antigüedad China, India y Egipto se caracterizaron por ser pueblos cultos, por su ciencia, arte y filosofía, siendo los árabes, los comerciantes por excelencia. El occidente europeo era desde los griegos, lo bárbaro y lo incivilizado; pero el descubrimiento y conquista del Nuevo Mundo ofrece una posibilidad nunca antes imaginada: gracias al oro, pero en especial a la plata de Potosí, Europa se convierte en el nuevo **centro** económico mundial.

Esta **centralidad** pretende mostrarse al resto del mundo (**periferia**) como "racional", por eso crea y desarrolla conocimientos y una filosofía para **defender y afirmar su proyecto, siempre como el proyecto que todos deben seguir**. Este su proyecto pretende mostrar al resto del mundo que ellos son los buenos, los racionales y los poseedores de la verdad. No reconocen los conocimientos que se generan en la periferia, es decir en los países subdesarrollados y tercermundistas[26].

---

[26] BAUTISTA, Juan José (2012). Macla la descolonización de la ciencia social latinoamericana. Bolivia. Pág. 94.

COLONIZACIÓN Y DESCOLONIZACIÓN

La **colonización** es un proceso de superposición, por el cual un pueblo que tiene poder, impone a otro que no tiene poder, sus conocimientos, costumbres, valores, normas, formas de gobierno y administración de la riqueza.

La colonización es un proceso que fue iniciado en esta parte del mundo por los españoles en 1492 con el descubrimiento de América y continuado por la **centralidad** (Potencias mundiales e Imperio).

En cambio, la **descolonización** es un proceso de liberación de todo lo que nos han impuesto, primero los españoles y luego la centralidad, representado en esta parte del mundo por los Estados Unidos, bajo el lema: "América para los americanos".

LA SUPUESTA RACIONALIDAD OCCIDENTAL

Los imperios de turno y las grandes potencias mundiales han desplegado sistemáticamente en Latinoamérica, Asia y África, su **"proyecto"**, un sistema de **colonización política y económica** de nuestros pueblos, y no conformes con esto, también pusieron en **práctica una colonización intelectual, educativa, tecnológica y religiosa**.

La racionalidad occidental nos ha hecho creer irracionalmente, que ellos son los únicos dueños de la verdad, negando cualquier otra forma de ver y entender el mundo; pero esto no es así, porque aparte de la realidad europea y norteamericana existen otras realidades, y una de ellas es la realidad de los países pobres, tercermundistas y subdesarrollados.

Nos han hecho pensar que nuestros pueblos antes de la llegada de los españoles, eran culturas bárbaras y salvajes, para imponernos su supuesta innata superioridad. Esto es completamente falso, **"Porque nuestros pueblos ya se abocaban a la producción de alimentos, ciencia, medicina, cultura, educación, religión, ingeniería, etc., que probó ser eficiente"**. A esta forma de vida diferente, **la despreciaron y nos enseñaron a despreciarla**.

FILOSOFÍA Y DESCOLONIZACIÓN

El proceso de la descolonización no pasa solamente por la recuperación y apropiación de nuestras riquezas naturales y de nuestras tierras, sino también por la recuperación y apropiación de nuestra propia historia, cultura, valores y civilización; concepción de la vida y la cosmovisión sobre el hombre, la naturaleza, el mundo y el cosmos. Este proceso también implica la recuperación de nuestras propias formas de producir conocimientos, hacer política e historia; así también la recuperación de saberes ancestrales para producir y reproducir vida.

Esta descolonización implica cuestionar la racionalidad moderna, que es racista y discriminadora, con una **lógica de dominación**. Implica también **producir otra racionalidad** distinta de la moderna, que no tenga la misma pretensión de dominio de ésta, sino que como contenido tenga la pretensión de liberación de toda forma de dominio, que proteja al ser humano y a la naturaleza. **Esta otra**

racionalidad no puede ser sino, una racionalidad de la vida, pero no solo del ser humano, sino también de la naturaleza.

LA DESCOLONIZACIÓN Y LAS DIFERENCIAS

Luchamos no por ser diferentes, porque de hecho lo somos; sino porque la diferencia no sea dominadora, porque el dominador no es igual que el dominado, son de hecho diferentes. De lo que se trata es de destruir las relaciones de dominación, las que producen las diferencias entre dominadores y dominados, más allá de las diferencias socio-culturales y económicas.

Las relaciones de dominación se traducen en el colonialismo, promovido por el sistema capitalista, donde un 80% de las personas viven en una completa miseria y solo un 20% en el mejor de los mundos. A esto se suma el individualismo y el egoísmo de los hombres, a los cuales, no les importa el ser humano, tampoco la naturaleza ni la Madre Tierra, solo el dinero.

QUÉ SIGNIFICA DESCOLONIZARSE

Descolonizarse es: **"Valorar lo nuestro, lo que tenemos en nuestro país, nuestra gente, nuestra geografía, nuestra comida, nuestras costumbres, nuestras leyendas y nuestras lenguas originarias. Construir nuestros propios conocimientos y complementarlos con los conocimientos universales, no depender económicamente de las grandes potencias mundiales, no atentar contra la naturaleza ni el planeta Tierra, pero sobre todo buscar el desarrollo,** industrialización y modernización de los Estados, a partir del cuidado de sus recursos naturales".

DESCOLONIZACIÓN NO ES DISCRIMINACIÓN NI RACISMO

No se debe confundir descolonización con discriminación, ya que uno puede vestir como mejor le parezca, de acuerdo a su situación, intereses, necesidades y forma de ser: con saco, chamarra, overol, camisón, pantalón, corto, pollera, blusa, vestido, sombrero, aguayo, mantilla, manta, cartera, con trenzas, con el cabello largo o corto, con aretes o sin ellos, etc. No se puede ir en contra de esto, porque de lo contrario, ya estaríamos hablando de **discriminación**, y eso implica fraccionamiento, división y miramientos entre ciudadanos de un mismo país, que afectarían a su desarrollo y modernización.

Tampoco se debe confundir descolonización con racismo, no se puede, ni se debe llegar al **racismo**, porque siempre habrá diferencias raciales entre los ciudadanos de un mismo país, y mucho más si se trata de un país latinoamericano. Todos tienen derecho a una nacionalidad, los rubios, morenos, los afros, los chinos, etc.

CONOCIMIENTO

El hombre descolonizado construye su propio conocimiento, un conocimiento nuevo, que está en función de su contexto, de su horizonte histórico y de su tradición socio-cultural; pero sin dejar de lado los conocimientos universales. Se los debe leer desde un punto de vista crítico y complementarlo con los conocimientos propios.

Creemos que para ser algo en esta vida, necesitamos formarnos y educarnos en el conocimiento y saber modernos. **"Y así ingenua y naturalmente termínanos negando primero nuestros saberes, luego nuestra historia y finalmente nuestra cultura, con lo cual terminamos negándonos a nosotros mismos"**, para intentar ser lo que no fuimos, ni somos: **"modernos"**.

AUTOESTIMA Y DESCOLONIZACIÓN

El proceso de descolonización implica recuperar nuestra autoestima como seres humanos individuales y como parte de una colectividad. La descolonización implica quererse como personas y como pueblo, valorar lo nuestro antes que lo de afuera, reconociendo nuestras potencialidades y cualidades.

Ser descolonizado implica valorar nuestras costumbres, saberes y valores, lo que a su vez eleva nuestra autoestima, no solo como personas individuales, sino como país.

DIFERENCIAS ENTRE EL HOMBRE COLONIZADO Y EL DESCOLONIZADO

Las diferencias son las siguientes:

-El colonizado es individualista y egoísta, no le interesa el bienestar de los demás ni de su país; en cambio al descolonizado le interesa su país y su gente, porque tiene identidad cultural.

-El colonizado no es libre, es un alienado, una copia de todo lo extranjero, un individuo más y una expresión del modelo capitalista; en cambio el descolonizado es un ser libre, que piensa, siente y actúa diferente, en función de su país.

-El colonizado es un simple ciudadano acrítico, un individuo más y sin capacidad de pensar por sí mismo; en cambio el descolonizado es crítico y propositivo, ya que no solo observa sino también propone soluciones a nivel de país o región.

-El colonizado muestra sumisión ante las imposiciones a título de sugerencia de poderes foráneos; en cambio el descolonizado no acepta imposiciones que vayan en contra de su identidad y de su país.

-El colonizado cree, hasta el punto de llegar a la idolatría, en el poder de la mercancía, no le interesa el ser humano ni la naturaleza; en cambio el descolonizado protege y cuida los recursos naturales y culturales de su país, así como sus intereses económicos.

-El colonizado es un receptor pasivo ante la manipulación de información que ejercen sobre él, los medios masivos de comunicación; en cambio el descolonizado asume una posición crítica frente a estos medios.

-El hombre colonizado se condena a ser un objeto de desarrollo ajeno; en cambio el descolonizado se enfrenta al desafío de ser sujeto.

- El colonizado no valora su historia, su comida, su música, su folklore, sus tradiciones, sus costumbres, su lengua, sus conocimientos y sus valores; en cambio el descolonizado ama su tierra y todo lo que hay en ella.

-El colonizado piensa que todo lo que viene de afuera es bueno y lo nacional es malo.

-El colonizado piensa que lo mejor de la producción debe ser para los de afuera y lo peor para los de adentro; en cambio el descolonizado, piensa que lo mejor debe quedarse en el país y el sobrante exportarlo para los de afuera.

-El colonizado tiene complejo de inferioridad, por eso niega sus saberes, valores, costumbres e incluso niega a su país; en cambio el descolonizado se valora a sí mismo, como un ser transformador de la realidad y capaz de competir con cualquier otro mortal del planeta, de igual a igual, con la mentalidad de que nadie es superior ni inferior a él.

EL COLONIZADO, SUS DEMONIOS Y SUS DIOSES

El hombre colonizado tiene sus demonios y sus dioses. Sus demonios son representados por todo lo que es y sus dioses por todo lo que no es.

Sus demonios son sus saberes, valores y costumbres; sus dioses todo lo que viene de afuera, todo lo que el poder le impone, a través de la sugerencia obligatoria, la violencia y los medios de comunicación.

Los de afuera, los que imponen una verdad porque tienen poder, creen ser verdaderos dioses, porque consideran que están por encima de los seres humanos, de los Estados, de la naturaleza y del planeta Tierra, por su pseudo complejo de superioridad.

CAPÍTULO XXI

LA MUJERES EN UN MUNDO DE HOMBRES

La invisibilidad histórica que han sufrido las mujeres, a menudo apartadas de la historia oficial, hace que desconozcamos a muchas que utilizaron su imaginación, su voluntad y su fuerza para contribuir en la construcción de una sociedad más justa para mujeres y hombres. En contra de múltiples barreras, las mujeres en todas partes del mundo han participado en nuestro desarrollo social desde el amanecer de la civilización hasta nuestros días.

Muchas mujeres sobre todo las que osaron salirse de la norma tuvieron que luchar contra la incomprensión de la sociedad de su tiempo, o contra el fascismo o racismo, o simplemente contra una absurda discriminación basada en el sexo, clase social o la identidad étnica. A lo largo de la historia, han sido muchas las mujeres que se atrevieron a querer **caminar en un mundo de hombres**.

Las mujeres transgresoras, libres y dueñas de sus vidas, a lo largo de la historia, han sido menospreciadas, discriminadas, maltratadas, ocultadas, silenciadas, desaparecidas, violadas, encarceladas y muertas. Los libros de historia, escritos por hombres siempre resaltan, por supuesto, a otros hombres, conquistadores, aventureros y guerreros temerarios; pero nunca a las mujeres.

PAPEL DE LA MUJER EN LA HISTORIA

En la **pre-historia**, más propiamente en la época de las cavernas, los trabajos desempeñados por el hombre y la mujer, se complementaban para asegurar la superviviencia. El hombre por su fuerza, se dedicaba a la caza y a la pesca, mientras la mujer se encargaba de tareas que requerían menos esfuerzo físico, como la recolección de frutos; pero eso le dio a las mujeres un conocimiento profundo de la flora y, por esa misma razón, ya en las sociedades antiguas, se convirtieron en las primeras agricultoras.

En la **Edad Antigua**, las mujeres aprendieron a preparar el barro y hornear cerámica, trabajaron los esmaltes y mezclaron los cosméticos dando origen a la ciencia química. Al encargarse de la agricultura y la recolección , también descubrieron las propiedades medicinales de las plantas y aprendieron a secar, almacenar y mezclar las sustancias vegetales.

En el **antiguo Egipto**, las mujeres tuvieron gran libertad de movimiento. Podían ejercer multitud de oficios, andar libremente por las calles, comprar y vender, recibir herencias y tener acceso a la educación, aunque las campesinas desarrollaban un trabajo extremadamente duro. En **Mesopotamia**, las mujeres no estaban sometidas a los hombres, sino que gozaban de un cierto status de igualdad. En el Código Hammurabi, las mujeres disfrutaban de importantes derechos, como comprar, vender, testificar o tener representación jurídica.

La posición de las mujeres en la **antigua Grecia** no fue muy positiva. Para el filósofo Aristóteles, que ejerció gran influencia en Europa, la mujer no era más que un hombre incompleto y débil, un defecto de la naturaleza. La mujer fue considerada como un ser sin terminar, a quien había que cuidar, proteger y guiar, lo que implicaba un sometimiento total al varón y su alejamiento de la vida pública. Las muchachas se casaban a los 14 años, con hombres mucho mayores que ellas. Era el padre quien le encontraba marido y discutía la dote. Ella pasaba a ser propiedad del marido como antes lo había sido del padre y en caso de enviudar, del hijo. La educación de las mujeres estaba orientada a su función como esposa y su educación terminaba con el matrimonio.

Las **mujeres romanas** disfrutaban de mayor libertad que las griegas, pero la participación política y ciudadana les seguía siendo vetada. Su condición social seguía siendo la de un ser inferior, al que había que tutelar, dirigir y utilizar. No tenían nombre propio, pues adoptaban el del padre, en femenino.

En la **Edad Media**, o **Edad del Oscurantismo**, donde todo giraba en función de Dios y de la religión, el cristianismo que tuvo una gran influencia, proclama la igualdad entre hombres y mujeres ante los ojos de Dios y establece la indisolubilidad del matrimonio, que dignifica a la mujer y la protege del repudio. Las familias trabajaban en la misma profesión y no existía una diferencia marcada entre las labores masculinas y femeninas.

En la **Baja Edad Media**, a partir del crecimiento demográfico, aparecieron núcleos urbanos, denominados Villas, donde apareció una nueva clase social denominada Burguesía, que basaba su economía en el comercio y la industria. Hombres y mujeres acudían a las ciudades, donde se realizaban trabajos especializados y donde era cada vez más necesario la mano de obra barata, lo que permitió a las mujeres entrar al mundo laboral, pero siempre con precariedad laboral y salarios inferiores al de los varones.

La **Edad Moderna**, supone un período de profundas transformaciones a partir de los descubrimientos que se realizaron en el siglo XVI, como ser: la redondez de la Tierra, se descubre un cielo y una Tierra, se deshecha la Teoría Geocéntrica y se acepta la Teoría Heliocéntrica, Magallanes dio la primera vuelta al mundo por mar, se descubre un nuevo mundo (Abya Yala), uso masivo de la imprenta, de la brújula y de la polvora. Todo esto hizo que el pensamiento de los seres humanos cambie, y se recupere documentos elaborados en la antigüedad, dando lugar al movimiento del **Humanismo y el Renacimiento**, que recuperaron valores basados en el hombre y mejoraron las posibilidades educativas y laborales de los varones en desmedro de las mujeres, que no pudieron acceder a la educación humanista, al voto, ni a salarios dignos.

En respuesta a esta desvalorización de la mujer, los primeros movimientos feministas del **siglo XX**, lucharon por conseguir la educación, el voto y el trabajo de la mujer, pretendiendo su autonomía con respecto al varón. Unos años más tarde surgió una segunda ola del feminismo radical, que sostiene: "Si la mujer no ha alcanzado la igualdad con el hombre, es por causa de su feminidad"; por lo que se empeña en negarla y en adquirir características y vicios varoniles, como la promiscuidad.

MUERTE DE HIPATIA

Hipatia fue la primera científica y filósofa de Occidente; por esa razón, fue considerada en su época, una mujer excepcional, no solo por su belleza, sino también por sus amplios conocimientos en astronomía, filosofía y matemática. Se movía entre dos ideales, por un lado, su amor por la **astronomía** y, por el otro, su amor por la **filosofía**.

Hipatia mantuvo la **tesis del heliocentrismo contra el geocentrismo**, al comentar el libro III del Almagesto, que pudieron posteriormente haber servido a **Copérnico** para sustentar su Teoría Heliocéntrica.

Hipatia al dibujar un nuevo mapa del cielo, estaba mostrando un nuevo camino a través del cual, los hombres y las mujeres de su tiempo, podían aprender a orientarse en la navegación marítima y terrestre, con respaldo científico y no con especulaciones divinas.

En el año 391 d.C., cuando el cristianismo se convirtió en la religión oficial del Imperio Romano, se consideraba todo lo pagano, incluido el **conocimiento científico**, como **perseguible**. Por esta razón, este mismo año la maravillosa **Biblioteca de Alejandría**, fue saqueada y quemada por los cristianos, porque representaba lo científico.

Muchos paganos se convirtieron al cristianismo ante la presión que sufrían, pero Hipatia se negó a esta conversión, lo cual despertó la ira del **nuevo obispo de Alejandría Cirilo**, que la tachó de bruja y hechicera.

Cirilo, que no podía atacar de forma directa y pública a Hipatia, por las buenas relaciones que mantenía con las principales personalidades de la ciudad, ya que todos la estimaban y admiraban; **elaboró un plan** para acabar con ella.

Hizo circular el rumor de que la filósofa practicaba magia negra y que sus conocimientos matemáticos y astronómicos se debían a la práctica de dichas artes oscuras.

En el año 415, en plena Cuaresma, una multitud, al mando de un tal Pedro se abalanza sobre la litera de la filósofa cuando ésta volvía a casa tras un paseo por la ciudad. Fue golpeada, desnudada, arrastrada por la ciudad y, finalmente violada y asesinada por los monjes parabolanos, monjes fanáticos de la iglesia de San Cirilo de Jerusalén con el apoyo de los nitrianos, que eran una secta de seguidores fanáticos de Cirilo. Una vez asesinada, fue descuartizada y luego quemada hasta convertirse en cenizas.

Este linchamiento fue instigado y planificado por el despiadado arzobispo Cirilo (responsable de la matanza de más de 250.000 judíos), quien inicio un movimiento oscurantista que sumió a Europa en uno de los períodos más funestos de su historia. Más tarde Cirilo fue canonizado.

El brutal asesinato de Hipatia no sólo marcó el final de la enseñanza platónica en Alejandría y en todo el Imperio Romano, sino también el empiezo de un periodo oscuro (ignorancia total) en la historia de la humanidad. Con esto, la Iglesia Cristiana se afianzó en el poder, relegó a las mujeres a papeles secundarios y las apartó de todos los centros del saber.

LOS HOMBRES DIOSES DEL CAPITALISMO A LA CAZA DE LA BRUJAS

En la **Edad Media**, más de 50.000 mujeres fueron enviadas a los tribunales inquisidores, para luego ser torturadas o quemadas en la hoguera. Esta fue la famosa **caza de brujas**, que fue el germen de lo que hoy conocemos como capitalismo.

Desafortunadamente, la mayoría de los documentos que tenemos sobre la caza de brujas fueron escritos por aquellos que ostentaban el poder: los inquisidores, los magistrados y los demonólogos. Esto significa que puede haber ejemplos de solidaridad que no hayan sido registrados. Pero hay que tener en cuenta que era muy peligroso para los familiares de las mujeres acusadas de brujería que se les asociara con ellas y más alzarse en su defensa. De hecho, la mayoría de los hombres que fueron acusados y condenados por brujería eran parientes de las mujeres sospechosas. Esto, por supuesto, no minimiza las consecuencias **del miedo y la misoginia** que la propia **caza de brujas** produjo, ya que propagó una imagen horrible de las mujeres, convirtiéndolas en asesinas de niños, sirvientes del demonio y destructoras de hombres, seduciéndolos y haciéndolos impotentes al mismo tiempo.

La caza de brujas, así como la trata de esclavos y la conquista de América, fue un elemento imprescindible para instaurar el **sistema capitalista** moderno, ya que cambió de una manera decisiva las relaciones sociales y los fundamentos de la reproducción social, empezando por las relaciones entre mujeres y hombres y, mujeres y Estado. En primer lugar, la caza de brujas debilitó la resistencia de la población a las transformaciones que acompañaron el surgimiento del capitalismo en Europa: la destrucción de la tenencia comunal de la tierra; el empobrecimiento masivo, la inanición y la creación en la población de un proletariado sin tierra, empezando por las mujeres más mayores que, al no poseer una tierra que cultivar, dependían de una ayuda estatal para subsistir. También se amplió el control del Estado sobre el cuerpo de las mujeres, al criminalizar el control que estas ejercían sobre su capacidad reproductiva y su sexualidad (las parteras y las ancianas fueron las primeras sospechosas). El resultado de la **caza de brujas** en Europa fue un nuevo modelo de feminidad y una nueva concepción de la posición social de las mujeres, que devaluó su trabajo como actividad económica independiente (proceso que ya había comenzado gradualmente) y las colocó en una posición subordinada a los hombres. Este es el principal requisito para la reorganización del trabajo reproductivo que exige el sistema capitalista.

EL SEGUNDO SEXO

Simone de Beauvoir, escritora, profesora, activista política y filósofa francesa, ante la barbarie de la Segunda Guerra Mundial y el fascismo, retrotrae la pregunta formulada por Parménides: ¿Qué es el Ser?, para plantearse la interrogante: "¿Cómo se puede reconstruir el mundo?". La respuesta fue claramente, a través de una existencia auténtica, pero para todos, para varones como para mujeres.

En ese contexto histórico, Simone de Beauvoir no quiso perder en ningún momento su identidad como mujer y persona, denunciando a una sociedad en la que se relegaba a las mujeres a una situación de inferioridad.

En su libro: **"El segundo sexo"**, aborda el tema del feminismo, bajo el supuesto filosófico de que la mujer representa la "moral existencialista", compuesta por categorías y valores, que ella misma esquematizaba así: "Identidad contra alteridad, libertad contra subordinación, subjetividad contra objetivación, trascendencia contra inmanencia"; buscando siempre que las mujeres se reencuentren a sí mismas, lanzando su frase más célebre: **"No se nace mujer, se llega a serlo"**, siendo el término mujer simplemente una construcción social. Las características que identifican a las mujeres, no están relacionadas con su genética, sino con el cómo han sido educadas y socializadas.

A partir de que la libertad (valor creado por los hombres) implica un compromiso con el mundo y los demás, donde no puede haber solipsismo ni egoísmo, las mujeres tiene derecho a buscar su libertad, aquí y ahora. No se debe remitir la solución de los problemas a un paraíso que está por venir, en el que todos estaremos reconciliados en la muerte, porque la existencia es aquí y ahora.

La mujer apuesta por su libertad, por su identidad y por la trascendencia de su existencia, busca una libertad que exprese su individualidad, no ya como "mujer", sino como: **"Esta mujer", "Yo mujer"**. Una libertad donde la mujer no sea víctima de complejos e inseguridades, entre sus intereses profesionales y su vocación sexual; debido a que la mujer es diferente al hombre, debe vivir su vida y buscar otro camino para realizarse.

En el caso del matrimonio, Simone de Beauvoir lo considera como una institución burguesa repugnante, similar a la prostitución en la que la mujer depende económicamente de su marido y no tiene la posibilidad de independizarse, siendo en este caso un sujeto colectivo no individual.

LAS MUJERES Y EL PSICOANÁLISIS

El ser humano es por naturaleza un ser sexual, ya que su conducta está en función de los impulsos sexuales que se encuentran en su inconsciente. El drama de las mujeres comienza con el Complejo de Electra, por el cual siente atracción sexual hacia el padre. Este hecho hace que experimente un sentimiento de inferioridad con respecto al hombre por no tener pene; provocando en ella, una fuerte tensión que puede convertirse en neurosis, o bien hallar en la sumisión amorosa una feliz realización de sí misma, solución que nace a partir del amor que sentía hacia el padre; es a éste, a quien busca en el amante o el marido; es por eso que lo sexual en ella, va acompañado por el deseo de ser dominada.

Si la mujer lograse afirmarse como sujeto, inventaría equivalentes del falo (pene). Este equivalente, sería la muñeca donde se encarna la promesa del hijo, que se convertiría en una posesión más valiosa que el pene.

Para Simone de Beauvoir estos son argumentos de psicoanalistas machistas, porque a las mujeres se las debe valorar en su totalidad e integralidad, no solamente por su sexo o sexualidad; y más al contrario, habría que preguntarse: ¿El pene está supeditado al accionar de la vagina?, ¿Los hombres serán más débiles de carácter que las mujeres en cuanto al sexo?

LA HISTORIA MACHISTA

Según la historia, la literatura y las ciencias sociales, la mujer ha sido una "presencia-ausente", una presencia real y ausente en la historia escrita, hecha por los hombres, por el sexo masculino; la mujer ha sido lo que el hombre ha querido que fuese.

La historia nos muestra que los hombres siempre han ejercido poder sobre las mujeres. Desde el patriarcado, han juzgado útil mantener a la mujer en un estado de dependencia; sus códigos siempre han buscado su postergación; y de ese modo la mujer se ha constituido concretamente como lo otro.

Simone de Beauvoir denuncia que la mujer se ha definido a lo largo de la historia siempre con respecto a algo (como madre, esposa, hija, hermana) y reivindica que la principal tarea de las mujeres es reconquistar su propia identidad y desde sus propios criterios.

DÍA INTERNACIONAL DE LA MUJER

Hace muchos años, cuando el sistema capitalista comenzaba a desarrollarse y los dueños de los talleres encerraban allí a los trabajadores y a las trabajadoras en condiciones infrahumanas para explotarlos, una mujer comenzó una cruzada para reivindicar los derechos de las mujeres trabajadoras. Esta mujer fue **Clara Zetkin**, socialista europea que en los albores del siglo pasado, propuso instaurar un día internacional en homenaje a las mujeres obreras que habían dado su vida, para exigir mejores condiciones laborales. Esto fue en 1910, durante el II Encuentro Internacional de Mujeres Socialistas realizado en Copenhague, al que asistieron más de cien delegadas de 17 países. **Este Día Internacional de la Mujer (8 de marzo)** tuvo la finalidad de reivindicar los derechos fundamentales de las mujeres como el **derecho al voto**, sin el cual, cualquier otra demanda sería imposible de conquistar.

Clara Zetkin consideraba que: **"Como persona, como mujer y como esposa, la mujer no tiene la menor posibilidad de desarrollar su individualidad. Para su tarea de mujer y madre sólo le quedan las migajas que la producción capitalista deja caer al suelo"**, es por eso que siempre luchó por **igual salario a igual trabajo, el derecho al voto y la organización de las trabajadoras**, ya que veía una relación estrecha entre la "cuestión femenina" y la "cuestión social".

Cuando estalló la Primera Guerra Mundial, luchó contra la guerra, bajo la consigna "Guerra a la Guerra", ya que consideraba que ésta beneficiaba sólo a la burguesía machista, clerical y explotadora. Por esa razón fue encarcelada, junto a su amiga **Rosa Luxemburgo**.

SOCIALISMO Y FEMINISMO

Según Zetkin: "El Partido Comunista tiene que mantener un contacto muy estrecho con las amplias **masas de proletarios, campesinos y mujeres** e integrar en la lucha a las fuerzas más avanzadas de las capas intermedias entre el proletariado y la burguesía. El capitalismo decadente priva a estas capas, de seguridad y felicidad, y como resultado de ello, entran en conflicto cada vez más con el Estado burgués".

El proletariado revolucionario puede ganar la hegemonía social, dirigiendo a estas masas y a todas las víctimas de la alienación, la explotación y la opresión capitalista.

"Mientras exista el Capitalismo, el sexo fuerte amenazará con privar al más débil de su sustento y de sus medios de vida", refiriéndose a la doblemente opresión de las mujeres, por el capitalismo y por su dependencia en la vida familiar.

Por estas razones, el socialismo debe construirse en pie de igualdad con las mujeres, o no será socialismo. Esta construcción que implica remover las condiciones que impiden **la incorporación de la mujer a la vida política**, debe destruir la sociedad machista en la que se desenvuelven las mujeres. El apoyo a la emancipación de las mujeres es inherente al socialismo.

ESENCIA DE MUJER

Para quienes se han atrevido a decir, desde siempre, que las mujeres son el sexo débil, se equivocaron, ya que ellas tienen la increíble capacidad de ser fuertes, activas y luchadoras, pero, a la vez, son dulces, tiernas y protectoras. La naturaleza las ha dotado de ese deseo permanente de lucir bellas, para atraer una pareja, que les permita desarrollar sus más íntimos instintos, como el placer y la maternidad.

Su energía física, mental y espiritual, les permite desempeñar varios roles dentro de un mismo entorno. Así, por ejemplo, pueden ser esposas, madres, estudiantes, profesionales, altas ejecutivas y mucho más. Las mujeres por su capacidad de comprender el alma humana, son las más indicadas para ser líderes, psicólogas, psiquiatras, trabajadoras sociales, medicas, enfermeras, abogadas y todo lo que nos podamos imaginar.

Las mujeres al descubrir su esencia, van encontrando su fortaleza para validarse y valorarse, fe en sí misma y en otras mujeres, para posteriormente buscar su libertad con alegría y aportar de manera efectiva a su comunidad y sociedad.

BIBLIOGRAFÍA DE APOYO

BAUTISTA, Juan José. Hacia la descolonización de la ciencia social latinoamericana. Editorial Rincón. La Paz- Bolivia 2009.

BOASO, Fernando. El misterio del hombre. Editorial Guadalupe. Buenos Aires-Argentina 1969.

BRUNTON, Paul. La crisis espiritual del hombre. Editorial Kier S.A. Buenos Aires-Argentina 1975.

CARRANZA, Luis. Antropología Filosófica. Editorial Juventud. La Paz- Bolivia 1995.

CASIRER, Ernest. Antropología Filosófica. Fondo de cultura económica. México 1976.

DRIESCH, Hans. El hombre y el mundo. Editorial Centro de estudios filosóficos. México 1960.

ESTERMANN, Josef. Filosofía Andina. Editorial Central Gráfica S.R.L. La Paz-Bolivia 2009.

FERRATER, Mora José. Diccionario de Filosofía. Editorial Sudamericana. Barcelona-España 1969.

GALEANO, Eduardo. Las venas abiertas de América Latina. Editorial Catálogos S.R.L. Buenos Aires-Argentina 2002.

GALEANO, Eduardo. Patas Arriba. Editorial Rosgal. Montevideo-Uruguay 2012.

INGENIEROS, José. El hombre mediocre. Editorial Época. Buenos Aires- Argentina 1986.

KEMPFF, M. Manfredo. Introducción a la Antropología Filosófica. Editorial Universidad Boliviana. Santa Cruz-Bolivia 1975.

LANZMANN, Claude. El hombre de izquierda. Editorial siglo XX. Buenos Aires-Argentina 1962.

MAQUIAVELO, Nicolás. El príncipe. Editorial Santiago. Buenos Aires- Argentina 1968.

MANZANO, Henry. Filosofía interpretada y revolucionaria. Editorial Colecciones Culturales Editores Impresores. La Paz-Bolivia 2011.

MARIAS, Julián. El tema del hombre. Revista de Occidente. Madrid-España 1969.

ORTEGA Y GASSET, José. Pasado y porvenir del hombre actual. Editorial

Revista de Occidente. Madrid-España 1969.

REINAGA, Fausto. El hombre. Talleres Gráficos Wa-gui. La Paz-Bolivia 2010.

REINAGA, Fausto. El Pensamiento Amautico. Talleres Gráficos Wa-gui. La Paz-Bolivia 2003.

ROLÓN, A. Mario.Problemas y contradicciones del hombre actual. Editorial Los amigos del libro. La Paz-Bolivia 1970.

SCHAFF, Adam. Filosofía del hombre. Editorial Grijalbo. México 1965.

SHARMA, Robín. ¿Quién te llorará cuando mueras?. Editorial Randon House Mondadori S.A. México 2008.

SHELER, Max. El puesto del hombre en el cosmos. Editorial Lozada. Buenos Aires-Argentina 1943.

SOLARES, Max. Antropología Filosófica. Editorial Topaz. La Paz-Bolivia 1979.

SOZA, Jorge Luis. Discurso de la cosmovisión andina. Editorial Gráfica Book. La Paz-Bolivia 2012.

VELASQUEZ, Julio. Cuestiones sobre el poder político. Editorial Instituto de Investigaciones en Ciencia Política. La Paz-Bolivia 2013.

WOJTYLA, Karol. El hombre y su destino. Editorial La Palabra. Madrid- España 1998.

ZAVALETA, René. El Desarrollo de la conciencia nacional. Editorial Los Amigos del Libro. La Paz-Bolivia 1990.